脑袋决定口袋

田家广◎著

台海出版社

图书在版编目（CIP）数据

脑袋决定口袋 / 田家广著. -- 北京 ： 台海出版社，
2025. 1. -- ISBN 978-7-5168-4101-3

Ⅰ. F0-49

中国国家版本馆 CIP 数据核字第 2025L7N631 号

脑袋决定口袋

著　　者：田家广

责任编辑：土　艳　　　　　　　　　封面设计：回归线视觉传达

出版发行：台海出版社

地　　址：北京市东城区景山东街 20 号　　邮政编码：100009

电　　话：010-64041652（发行，邮购）

传　　真：010-84045799（总编室）

网　　址：www.taimeng.org.cn/thcbs/default.htm

E - m a i l：thcbs@126.com

经　　销：全国各地新华书店

印　　刷：香河县宏润印刷有限公司

本书如有破损、缺页、装订错误，请与本社联系调换

开　　本：710 毫米 × 1000 毫米　　　　1/16

字　　数：120 千字　　　　　　　　　印　　张：12.5

版　　次：2025 年 1 月第 1 版　　　　印　　次：2025 年 1 月第 1 次印刷

书　　号：ISBN 978-7-5168-4101-3

定　　价：68.00 元

这个世界有很多所谓的"富人"，每天花钱阔绰，背后却债台高筑；这个世界也有很多想成为富人的穷人，屡屡听信谎言，不经意间把辛苦赚来的钱投入风险陷阱，在失望与绝望中徘徊。他们中很多人都有着很好的学历和工作，却终其一生都没能摆脱贫穷的命运。于是他们常常疑惑："我跟那些富人，究竟差在了哪里？"

说实话，富人的生活的确令人羡慕，他们每天看起来悠闲自得，却总有源源不断的财富流入；他们会花很多钱来享受生活，却从来不会因这些花销透支人生。他们每天思考的不是如何找一份工作，而是如何找到更多的渠道来持续稳定地赚取财富。他们会研究企业、股票、债券、期权、黄金等，他们认为这些远比一份工作重要，他们坚信只要用心研究，就会给自己的人生带来无尽的惊喜！他们起初或许也是打工者，只是后来成为创业者或是投资者，在经历了短暂的辛苦后，他们接触到了很多之前从未想过、接触过的思维、理论和方法，他们的思想发生了明显的变化，把挣钱的焦点放在了被动收入上，并会通过运作让被动收入跑赢主动收入。他们会像经营企业一样经营人生，然后带着企业家的视角和思维，获取人生的每一笔财富。

富人每天都会思考，但思考的从来不是普通人思考的问题，他们希望最大限度地利用好自己手中的资源，他们不会在那些不感兴趣的事情上消耗时间，而是将有限的生命投入到无限的财富盈利之中。他们不会陷入资不抵债，即便是在经济萧条时期，也能通过对财富的经营稳定好生活和工作。当然，他们也会遇到挑战，但即便是失去一切，也很有可能会在较短的时间里赢回财富。很多人会感叹："难道他们生下来就受到了财富之神的青睐吗？"我也曾深入地研究过这个问题，最终得出的结论是："他们能拥有成功，是因为具有'富人思维'。"富人会用"富人思维"解决问题，在别人没注意的时候出手，在别人出手的时候早已赢得盆满钵满，他们总是能够在权衡利益之后，以最高的性价比赚到"聪明钱"。他们不盲目跟风，也不会想要刻意地战胜市场；他们耐得住寂寞，懂得闷声发大财，在财富与投资之间达成完美的平衡。于是，他们的行动成为财富运作中最富创造力的艺术，他们仿佛与金钱达成了某种默契，等待着时间和复利发挥作用。他们总是说："脑袋决定口袋，即便有一天真的一无所有，只要'富人思维'还起作用，自己就依然是一个富人。"

于是，我将他们处理财富的方式、方法详细地记录下来，在进行专业分析的同时，将核心的经验和智慧放到本书里。这里有他们对人生的思考，有他们管理财富的智慧；这里详尽地描述了他们面对投资时的决策思路和面对风险时的思维模式；这里有你需要转换的思维，也有你需要努力规避的陷阱；这里有你需要的财富智慧，也有助力你快速走上财富自由的致富路径。我真诚地期待每一位读者都能从中得到自己想要的东西，期待我们大家能以这样的方式，在思维的碰撞中产生连接，这将是一场非常美好的遇见，让我们立即起航吧！

田家广

2024.9.1 于北京

目 录

1

下篇 认知变现：卖力、借力还是实力

上篇
思维裂变：挣钱、赚钱还是值钱

第一章 挣钱意识：透支提现？别让贫穷思维束缚自己

为什么我这么努力，还是发不了财

现在许多年轻人很努力，每天勤勤恳恳上班，休息时也在兼职开滴滴、送外卖，可到头来手里的钱仍寥寥无几。那么，问题究竟出在哪儿？为什么大家这么努力，却还是与财富无缘？

其实，对于赚取财富来说，努力只是一方面，有智慧、有技巧的努力才是发家致富的重要因素。

普通人每天想的就是找一份工作养家糊口，所以对于他们来说最重要的就是每个月的工资。而富人呢？起初他们或许也是以工作为起点，也是要找到一份看起来收入还不错的工作。但他们打工不是单纯地为了一份工资，他们渴望的是从那些一流的经营者（也就是他们眼中的富人）那里吸取致富的真经，他们希望能在有限的工作时间里学会其经营方式，弄清其经营逻辑，以便日后自己能熟练地运用。

与此同时，最重要的一点，是他们会把所有不该花的钱全部攒下来作为投入资金，一次又一次地投入到可利用、可生息的资产上。这些资产能给他们带来成倍增长的财富，最终超越他们的工资收入，支撑他们过上更好的生活。

此时，或许有人会说："这不是在做梦吧？单凭思维、靠投资，就能轻松地成为富人？"虽说成为富人看起来是一件很复杂的事，但说实话，想要成为富人，不过就是那么几个步骤。

曾经有一个富人朋友对我说："很多人认为富人的生活应该是忙碌的，但其实不然，大多数时候富人很闲适，甚至有点懒，懒到不愿用手去挣钱，在他们看来，若是能在使用金钱上下功夫，那些多余的工作便都可以省略不干。"富人会让钱不断地赚取利润，但绝不允许自己成为金钱的奴隶。当很多人还致力于提高工资的时候，他们却已经在思考如何利用被动收入超越支出，在不付诸劳动的前提下，彻底实现财务自由了。

普通人是在用自己的"血汗"消费，虽然衣冠楚楚，内心却总在滴血。想到透支的贷款，想到待还的信用卡上的数字，还是感觉"压力山大"，于是只能无可奈何地把自己拴在工作上，即便是想休息，也不敢有半点停顿。而与之不同的是富人，他们虽然也在消费，甚至购买奢侈品，但这些钱都是他们的投资所得，而且大量衍生出来的财富还在助力他们源源不断地购入更多资产。如此利滚利下来，数年后，有人身价百万、千万，甚至上亿。之所以人和人有那么大的差异，原因很可能只有一个，那就是富人比普通人多了点管理财富的智慧，有着一颗具备"富人思维"的脑袋。

带着"富人思维"行走的人，走到哪里都会是个富人；可若是你不愿意重新梳理自己对财富的选择，即便此时的你拥有再好的工作、再可观的收入，在财富这条路上，也很可能依然跑不赢富人。原因很简单，用脑子赚钱，永远比用体力、用血汗挣钱来得更快速，也更容易。

在财富畅销书《富爸爸穷爸爸》中，"富爸爸"为作者罗伯特讲了一个"老鼠赛跑"的故事。老鼠为了吃到眼前的奶酪，不得不在转轮上奔跑，它跑得越快，轮子也随之转得越快，直到最后精疲力竭，也够不着一口奶酪。可见，没有正确的方法和方向，哪怕再用力，也是一场空。

许多人就像这只老鼠一样，一刻也不停歇，根本没时间思考，在循环式的忙碌中被困于生活的囚笼。说到底，你想要的生活，不是靠无效努力堆积出来的。没有深度思考，所有勤奋、努力都是白搭。正如《富爸爸穷爸爸》一书的作者所说："未经思考的努力，才是我们贫穷的根源。"

他说大多数受过良好教育的人，虽然从个体情况来说千差万别，但从整体来说，情况却惊人的相似：他们从小就被告知要好好学习，这样毕业以后才能找到一份好工作，随后他们经历结婚、生子，拥有一个相对稳定而体面的生活，他们可能是教师、医生、律师，都有着可观的收入，可这份收入很快就被买房、买车、供子女上学给消耗掉了，于是为了能进一步改善生活，他们只能更加努力地工作，虽然这也换来了升职加薪的机会，但他们同时发现开支也在不断地上涨，甚至需要刷更多的信用卡，欠更多的债务，然后再以加倍的努力去应付工作。这就好像小老鼠在圆形的木头笼子里快速奔跑一样，看上去非常努力，却始终在原地打转。

那么，究竟怎样才能有效摆脱这种"老鼠赛跑"的陷阱呢？首先，你要学会的是，敢于直面恐惧和欲望，做到内心不害怕、不恐惧，不为小钱所动。很多人之所以承担更多的工作，直到筋疲力尽，主要原因就在于恐惧，他们担心付不起账单，害怕有一天失去工作，因此他们奉献了更多的劳动，即便这种付出很廉价也心甘情愿。

因此，我在这里奉劝大家，若是现在你还没有放弃致富的梦想，不想沦为金钱的奴隶，那么至少要先让自己的脑袋丰盈起来，不论是面对一份工作，还是面对工作背后的收入，你最该关心的不应该是能赚多少，而是做这件事的目的是什么，你真正想要的是什么。你需要考虑在整个过程中你能学到多少东西，这些东西在日后能给你带来多少价值。做到这些，你就能和那些以"无脑"方式付出努力的人拉开档次了，这便是迈向财务自由的第一步，也是人生历程中最重要的"蜕变的拐点"。

当你把"负债"当成"资产"的时候

现在很多人都没有搞清楚，财富账本上的项目，哪些是"负债"，哪些是能带来利润价值的"资产"。他们大肆购买很多不利于财富增长的负债，却始终以为这些花出去的钱会带来引以为傲的资产。

曾经有一位阿姨说："我这辈子啊，最大的一笔资产就是现在住的这所房子，然后就是我给儿子买的那辆车。不管怎么说，咱也算是过上了有房有车的生活，虽然现在银行卡里的钱没多少，但眼前的日子，却要比很多人过得舒坦。"

听到这段话，我沉默了许久，真心不想让这位阿姨难过，因为她花大价钱购置的这两样东西，都不是资产，而是负债。阿姨用她积攒了很多年的钱，为购置的房产交了首付，随后银行每个月都会扣除她至少三千块钱的房贷。而那辆车，自从购买的那天起就开始不断贬值，更重要的是，每年花在汽油和保养上的钱也是一笔不小的开支。如果那时她能够适时地购买一些走势平稳的债券，或者选择一些稳健型的基金，大概率会超过这两样"资产"的价值。

其实，普通人和富人之间的差别，很可能就在这些被人忽视的选择上。普通人花血本购买负债，而富人却在有选择地购置资产，并利用资产获得盈利，然后再购买更多的资产。他们不会用购买资产的钱去购买负债，即便是想提高生活品质，也会使用资产带来的那部分盈利；他们会尽早地将钱生钱的模式搭建起来，以便源源不断、延绵不绝地获得财富。

那么，什么是盈利的资产，什么是耗钱的负债呢？其实要分辨这两样很简单，资产就像会下金蛋的老母鸡，能带来更多的财富价值；而负债则需要不断地为其支付更多的财富，以保证它们的正常运转。

举个最简单的例子，假如你买了一套房子，如果这套房子是自住的，贷款尚未还清，那么毫无疑问，这套房子在贷款未还清之前，就属于你的负债，因为你需要不断地为它继续投入，却不能从它那里得到任何收入。但是，若此时你购买了一套房产，没有贷款，而且直接用于出租，为你带来收入，那么毫无疑问，这套房子就可以算作是你的资产了。

一般来说，富人眼中的资产多半是房产、股票、基金、债券、艺术收藏品等，这些都可以带来收入，是具有升值潜力的资产。而普通人通常不会购买资产，一方面可能是认知问题，从来没有把注意力关注在这些方面；另一方面可能是觉得本金太少，就算购买了，收益也就只有那么一点儿，与其折腾还不如直接将挣来的钱用于改善当前的生活，活在当下，高质量生活。而这些想法很可能是他们富不起来的直接原因。

归根结底，普通人很有可能是在不该花钱的地方大肆挥霍，把钱浪费了，他们秉持着"今朝有酒今朝醉"的想法，从来不会控制自己的消费欲望；而富人则会把每一块钱都当成生钱的鸡蛋，合理地进行资产配置，用钱赚钱，这样就可以更好地将手里的资产不断壮大。这样，即便富人有一天不去上班，他们手里的资产也可以保证自己和家人过上富足的生活。这更像是与"延迟满足"的博弈，看似差别不大，带来的结果却是天差地别。

所以，你不妨系统地分析一下自己的财务状况，看看自己手中的资产和负债的比例，想想究竟应该将手中的哪些负债转换成资产。从财富的角度来说，这是一个你必须认清的概念，若是你想购买的东西并不能为你带来利润，买下它就意味着负债性的贬值，那就不妨多花点时间想一想，究竟应该以怎样的思维逻辑去配置和购买，才算是最智慧的选择。

挣钱，就是心甘情愿地被别人买断时间

"挣上几千块钱，买断你的时间和梦想，这难道不可悲吗？"美国股神巴菲特面对很多人获取财富的选择，忍不住发出这样的感慨。多少人在一份人人都可做的岗位上贡献了自己的一生，每月领着辛苦付出换来的工资，除了维持日常温饱，剩下的却寥寥无几。于是心中忍不住感叹："哎！这就是我的命啊，一生都无法成为富人吧！"

我有一个富人朋友，他的企业雇用的员工有几百人，每当我询问他关于赚钱的方法时，他总会肯定地说："致富最重要的就是节省时间，而节省时间最好的方式，就是把诸多不必要的工作通过花钱的方式让别人替你完成。""那你的每一天又是如何度过的呢？"我追问道。"决策、投资，享受人生的美好时光。"他挤了挤眼睛说，"这

一切早就是富人圈里公开的秘密，相信你懂的。"

看吧，这个世界看似很不公平，富人用金钱买断普通人的时间，并以此构建起更加庞大的财富网络，成为更大的"庄主"；而普通人则为了挣取维持温饱的生活费心甘情愿付出自己的时间和梦想。这一切的发生，都是在自然而又两厢情愿的基础上进行的。

如今，任何工作都有可能被更先进的人工智能所代替。时代总能培养出适应社会发展的新型人才，但若有一天企业在人工智能的场景下便能够完成全赛道的变现，那么很遗憾，被培养起来的新型人才便很有可能在这种新的变革下黯然退出职业市场。背后的道理也很简单，那些购买了你时间的人有了新的选择，你不再是他们眼中值得花钱购买的对象，但是他们始终占据着选择的主动权，他们的财富并不会因为不再购买你的时间而萎缩，相反，甚至因为有了新的选择而急剧膨胀。

前段时间看到一则新闻，由于ChatGPT的横空出世，很多企业不得不面临更为彻底的市场转型。其中，有人看到了商机，有人却在经历痛苦的行业洗牌。有人扬言要裁掉公司近一半的员工，甚至有人放出狠话，除了少数具备技术资本的团队暂且保留外，公司将在不久的将来彻底实现"无人化"。当劳动力可以被取代时，企业在节约成本的同时，就不再有欲望花更多的钱去雇用人力。这对于只会付出劳动获得收入的普通人而言意味着什么？对他们被突然斩断职业生涯的未来人生又意味着什么？

那么，对于普通人而言，又该怎样去应对这样的变革，实现完美过度呢？方法有很多种：

第一，爱惜钱，并用好每一分钱。

在现实生活中，每个人的收入是不同的，也许你的收入较低，只能维持日常开支，没有积蓄，没有存款，更谈不上投资理财。其实，你的这种理解是不对的，不管你的收入是多是少、有无存款，都需要仔细打理钱财，合理地使用每一分钱，多有多的打算，少有少的安排，争取让每一分钱都能发挥出最佳的效益，聚沙成塔、集腋成裘。

第二，改变对工作的认知。

想要跑赢工作，首先就要对工作有一个清醒的认知，要知道工作到底是什么，它对于自己来说究竟意味着什么。盲目地工作对时间成本来说是一种无意义的内耗，但若你能将时间成本投入到一份自己喜欢的工作中，并将它衍生成毕生的事业，那对于你而言就会变得很不一样。

一份工作带给你的，应该是一次跟成功人士学习的机会，应该是一个不断实践成长的过程，在这个过程中，你可以暂时地被买断时间，但也可以从中获得满意的收获。若是以这样的收益作为等价交换，那么你并不会因此丧失成为富人的机会。

第三，培养敏锐的观察力。

你需要对这个世界的变化具备敏锐的观察力，分析规律，并了解其中的因果关系。当带着这种敏锐的触觉深入观察这个世界的时候，你就会发现在广袤的土地上处处都是发展的机遇。你可以在看到农业丰收的时候，分析出未来具备成长性的企业股票，也可以针对国家的相应政策，分析出未来将会被大力扶持的行业，这些都是富人投资逻辑中最不容忽视的珍宝，谁把握了其中的脉络，谁就能挖到更多财富的金矿。

第四，节省时间成本。

如果你不想被市场淘汰，就需要学习更多适应环境的新知识，但若是时间成本总是被一些没有价值的事情所占据，即便是想省出时间，也是根本不可能的。这就需要你对时间进行有效的管理，以全新的时间管理模式运作你的人生。这就意味着生活中很多不必要的事情，你都要采取各种外包的形式，让它们淡出自己的视野，不挤占自己的时间。可以用机器解决的事情，就不要用人力；必须用人力的事情，排到最后一个的才是自己。这样你才能有更多的时间学习和思考，也才能更有效率地改变自己的命运。若这样的选择成为你的习惯，那么你距离富人的圈层就不远了。

说了这么多，我想表达的就是，如果你作为一名时间被买断者，当你在付出时间的时候，要对自己所投入的时间成本有一个清醒的认知，看看自己倾注这么多光阴换取有限的金钱到底值不值得，若是一定要这么做，怎样才能在这个过程中收获更多的财富。虽说人生多多少少得靠一些运气，但机会大多时候都是靠自己去创造和把握的，把有限的时间投入到无限的赚取财富上，总比死守眼前这么一点点的工资收入更有价值和意义。当你学会了经营自己的工作和生活，学会了利用成本换取更大的价值，当你在获得资产的同时再也不用担心遭到摒弃和淘汰的时候，你就距离成功更近了一步。这是所有富人开创财富的必经之路，难道你觉得自己不配拥有它吗？

选择专业的理财人士，帮我们避开财富管理中的陷阱

我想先问大家一个问题："若是有一天你中了价值上亿的彩票，你有信心这辈子能一直是个富人吗？"有人可能会说："那还不是顺理成章的事吗？如果有了一个亿稍稍经营一下，做个富人还不是一件很容易的事情吗？"如果你信心十足，那么就来一起看看下面的这个案例吧！

2001年，有一个英俊的失业青年名叫戴维·李·爱德华兹，他无意中买彩票中了2700万美元（约合人民币1.7亿元），经历一夜暴富的狂欢，被财富冲昏头脑的他开始买别墅、买豪车，购置收藏品，甚至购买私人飞机。结果中奖刚满一年，他手里的钱就被花掉了1200万美元，又过了没多久，他手里的钱就被挥霍光了。很快，银行没收了他的房产，他搬到了一个放杂物的车库里。就这样，这个

曾经大众眼中的幸运儿，最终在穷困中度过了自己人生的最后时刻。

有研究表明，大多数中了彩票大奖的人，境遇要比中奖之前还要糟糕，因为他们都犯了一个很严重的错误，那就是，他们认为："我现在有钱了，一辈子就可以高枕无忧了。"这可以算是人世间最愚蠢的想法，他们总觉得自己的钱用之不竭，却在不经意中将金钱消耗殆尽。

这种在暴富后又快速返贫的例子有很多。于是，有人会问："当我们面对财富时，究竟如何才能把财富留住呢？"如果你此时还不知道该如何管理财富，对理财的概念还一片混沌迷茫，那么最好的选择就是找到一个以管理财富为业的专业人士，让他帮你一起研究并发现你在管理财富方面存在的问题，然后解决它。尽管从选择的角度来说，找到一个适合自己的理财顾问也是一个细心筛选的过程，但相比于在投资领域不专业的你来说，他们的介入一定可以让你在各项投资决策上更省心、更省时。这种感觉就好像是拥有了一个专业的教练，强化你对手中财富流动的敏感性，引导你规避不必要的风险，躲开那些大多数人没有预见到的陷阱，而这对于你来说无疑很有必要。即便当下的自己算不上富人，但你也希望钱能生钱，相比于之前盲目的投入，这种被专业人士细心梳理后的决策，往往更让人放心。

很多富人都希望能把财富牢牢地掌控在手中，为此，他们会选择不止一位财务顾问、理财经理。他们会针对对方擅长的领域与其交流，倾诉自己的需求，并确定对方所具备的专业实力。不可否认，这一定是一个严格筛选的过程，同时也是一个逐步建立信任的过程。尽管对富人来说，他们财富方面的知识，未必不如对方，但秉持"专业的事交给专业的人"的原则，他们依然可以从对方身上获得很多意外的收获。

在《富爸爸穷爸爸》一书中，作者就先后找到了两位资深的资产管理顾问，且对他们的专业实力十分满意，也在他们井井有条的打理下赚了很多钱。他经常会与资产管理顾问进行交流，而且一聊很可能就长达数小时，这样默契的合作，让这位聪明的投资者学到了很多资产管理方面的实战知识，也让自己对于手中的资产、投资管理的思路、风险理念有了更深刻的认识。

"我知道更应该把钱放在哪里，因为有更专业的人士为我量身定制方案，他们很了解我，也很了解市场，这让我做任何决定的时候都能迅速果断，宛若提前把收入抓在了手里。这种对钱的掌控感着实让人着迷，而且一切都是真的。"曾经有一位富人朋友，诚恳地对我说，"咨询是很有必要的，如果内心的疑问无解，你根本不知道钱会朝哪个方向流动，又会在哪个地方囤积，但对于投资顾问来说，那可能是他们天天都在面对和研究的问题。所以，想要获得更好的投资结果，选择比努力更重要。"

多少人在面对机遇的时候忽视风险，而富人却能在可靠助力的帮助下，牢牢地握住手中的方向盘。他们能在更专业的建议下抢占先机，一步步锁定好赚钱的项目。富人专注于选择，而普通人却着眼于工作；富人会在有钱的时候理性，而普通人即便没钱，依旧会被冲动所左右。而金钱作为流动的能量，会在吸引力法则的作用下，流向那些更善于管理运作它们的人。所以，如果你想更科学、有效地管理财富，而不是让财富成为你冲动的代价，那么现在该行动起来了，向专业人士请教，听取他们的建议和规划，说不定就会让自己在拥有了财富的同时，实现财富的稳定增长和长期持有！

还在认同"噪声"对自己的干扰吗

"这东西太贵了，我可买不起。"普通人面对一些价格不菲的商品（对自己确实有用或具备升值潜力）时，看一眼价签，就会发出这样的感叹。而富人则会在看到价签以后，思考这样一个问题："我下一步该怎么做，才能买得起它？"虽然这只是思维上的不同，但足以看清富人与普通人之间的差异。富人会开动智慧的大脑，想方设法地拥有它，而不是站在渴求的风向标上，沮丧地将这一切归为命运。尽管对他们来说，意识中的那些"噪声"时刻都存在，但秉持坚定的意志和致富的信心，他们知道自己该做什么，也知道自己该怎么做才能在不久的将来实现梦想。而对于普通人来说，他们从思维上就缺乏对于财富的认知和渴求，每当"噪声"响起时，便会被其左右而丧失了应有的判断，甚至将手上仅有的钱一次又一次地"还回"市场。

那么，究竟该如何应对生活中的那些"噪声"，让自己在思维上保持高段位的思考，并付诸行动呢？下面就让我们结合几种常见的"噪声"，依次进行解决和梳理！

噪声一：金钱是万恶之源，别让自己身上沾满"铜臭味"。

毫无疑问，这是一种面对金钱时自我压抑的"噪声"，很多人就是因为不敢谈钱，而一再地压制了赢得财富的创意和想法，最终把自己局限在了"中规中矩"的普通人段位上。

其实，金钱是一个富有能量的工具，若想得到它，首先就需要我们发自内心地对它产生向往，获得财富的创意和想法才会如潮般向我们涌来。

在现实世界中，大胆谈钱绝对是一个直面财富的绝佳选择，不论是面对他人，还是面对自我，这种大胆谈钱的模式都将从不同的角度带给我们绝佳的财富灵感。

在富人眼中，谈钱是世间一种值得称赞的善良，尽管金钱解决不了所有问题，却能解决许多问题。金钱可以带来物质上的安全和稳定、更好的医疗保健和服务以及更好的教育和职业机会等。总之，金钱在生活中扮演着重要的角色。

噪声二：税收就是吃人的魔鬼。

面对税收，普通人多是一副痛苦的表情。然而富人对待税收的态度，却跟普通人有着天壤之别，他们认为税收是国家调控经济的有力杠杆，唯有在这个杠杆的调控下，自己的切身利益才能得到有效保障。他们不反对交税，同时也在大力地支持交税。

格力集团董事长兼总裁董明珠多次表示：当下，急需扩大内需，只有完善阶梯税率，才能有效提高中低收入者的幸福感。

富人会利用税收实现财富的进一步扩张，并有选择地对资产进行优化配置，这样在完成缴税的同时，还能保证获得更多的财富收益，从而更好地运作企业和人生。这在普通人看来是根本不可能做到的事情，但富人却做得游刃有余，甚至使税收成为服务自己和企业的工具。

噪声三：我已失去一切，不能再像富人一样生活了。

当普通人因意外获得财富时，总会沾沾自喜地对自己说："从今天开始，我终于可以像富人一样生活了。"于是不假思索地将钱投向那些本不该出手的地方，直到现金流断裂，才意识到原来自己对财富管理这件事，始终都是一头雾水。于是感叹："我已失去一切，不能再像富人一样生活了。"

　　而对于富人来说，即便有一天濒临破产，身无分文，自己照样可以凭借"富人思维"重新赢得财富。这一点似乎也成了富人圈的共识，即不管是将他们放到哪里，他们都可以利用富人的思维和智慧，成功翻盘，并再次赚得丰厚的财富。

　　在富人的世界里，从来没有什么值得抱怨。在他们看来，无休止的抱怨等于认同让无休止的糟糕渗透进自己的生活。他们不需要抱怨，也忍受不了这些抱怨带来的状态。相反，他们只会以更积极的方式去思考下一步该怎么办，始终相信相信的力量，相信好运会自然地降临到他们身上。

　　诸如此类的"噪声"还有很多，比如只关注眼前的利益，不关注长远的未来；我永远不会有翻身的机会了；等等。对于这些"噪声"，普通人可能深信不疑，而富人却会一笑了之，因为他们知道，"噪声"无法带来收益，因此那些消极、否定和不可能，都会被他们清除掉，于是他们的人生就会过得越发有效率，从而更好地迎接挑战、赚取财富。这或许就是富人和普通人不同的关键，他们永远相信实力，相信我命由我不由天。

第二章　赚钱心法：你的钱、你的思维，决定了你的生活

一个关于超级富豪的秘密

一些超级富豪很能聚拢财气，不管把他们放到哪儿，他们都能持续地创造出财富。这些人好像具备赚钱的天赋，不管遭遇怎样的状况，面对怎样的挑战，即便是经历事业的大起大落，他们依然可以重新步入有钱人的行列。而普通人则似乎并没有那么幸运，不但不精于创造财富，即便是挣到了，钱也会迅速从指缝间溜走。很多人将其归结于命运，觉得不管自己怎么努力，都只能是平庸平凡的人，不会受到幸运之神的青睐，更不会成为被别人羡慕的

富人。

那么，究竟是什么造成了普通人与富人之间悬殊的差距呢？是学历，是智商，还是禀赋中缺失的财富性格？其实，在我看来都不是。这个世界上聪明的人很多，高学历的人也比比皆是，但未必都能变成富人。富人也有很多与普通人一样的缺陷，时常会感到困惑，或产生怀疑，但这似乎并没有影响他们对于财富的判断力，也没有妨碍他们成为真正的富人。主要原因就在于，他们的意识中比普通人多了一张财富蓝图，可以时刻优化他们的财务状况。

财富蓝图就像建筑蓝图，是在盖房子之前所做的计划或设计，你的财富蓝图就是你对金钱所拟定的计划或所采取的态度，它包括你对金钱的期望值和对金钱的渴望值，体现了你的性格、思想和信念。若是想拥有一张良好的财富蓝图，首先要做的就是破除很多关于金钱的错误观念，改变自己的财富思维模式和行为习惯，这样才能为实现财务自由打好基础。

财富蓝图好比是一棵树的种子和根，我们不能只改变看得见的东西，必须先改变看不见的东西。事业成功的富人可能会输掉万贯家财，但永远不会丧失富人的赚钱思维。他们的脑袋里，永远在勾勒着更恢宏的财富蓝图，因为目标足够明确，所以每一步都走得有条不紊、井然有序。

想要富有，至少要给自己一个渴望富有的开始。富有是一种结果，贫穷也是一种结果，而能变得富有的关键就在于，富人看待金钱的态度与普通人有很大的不同。他们追求金钱的态度是明确、大胆的，因为秉持着强烈的致富想法，因此会在创造财富的过程中自然而然地产生赚钱的感觉，形成赚钱的策略和行动。

设定 〉 想法 〉 感觉 〉 行动 〉 结果 〉

图2-1 财富蓝图的形成过程

总之，富人就是这样带着财富特有的节奏不断前进，直到达成自己想要的最佳的财富状态。

而普通人呢，他们在追求财富的时候总是比较羞涩，觉得自己不行，财富与自己无关。他们遇事容易想到坏的一面，心态消极，不能积极地去争取。不仅如此，消极心态就像是一副慢性毒药，会逐渐摧毁普通人的信心，使人意志消沉，失去追求财富的动力，从而变得越来越穷。

你所得到的，永远无法超越你渴望得到的，因此，与其将关注点集中在眼前，不如尝试将自己的财富蓝图画得更庞大一些，重塑追求财富的胆量，调控好手里的"财富遥控器"，让它在优化设置的同时，不断地给自己带来创富的灵感，这时你可能会发现，想要实现财务自由这个目标，需要的也只是时间！

记住，最大的敌人永远是你自己

很多人认为投资是变幻莫测的，所以每次投资的时候，都感觉在赌博。"说实话，这么多年，我根本不知道怎样才能看清市场，"有位投资者这样对我说，"所以不管我怎样思考、怎样规划，只要钱投出去就肯定是输。"于是很多人干脆放下了投资这件事，认为它不是能给自己带来财富的工具，而是会吸干所有身家的隐形老虎机。

那么，究竟是什么原因导致了这种投资败局，让普通人手中的资金屡屡在市场上缩水呢？其实这里面有一个特别浅显的道理，正如格雷厄姆所说："投资者的主要问题，甚至可以说是最大的敌人，可能就是他自己了。"

这让我想到了股神巴菲特的那句至理名言："我与其他人不同，在别人贪婪的时候，我恐惧；在别人恐惧的时候，我贪婪。"但多数人经常是与这个逻辑背道而驰，他们在该卖出的点一再观望，直到最后损失了一大笔钱。接下来，他们把持着剩下的一点财富继续观望，眼看好的投资时机到来，却无法战胜内心的恐惧，于是眼看着股市飙升，错过了最好的买入时机，可当钱投出去的时候，又是一轮新的"过山车"式的下滑，这样，他们的钱再次被套牢。于是很多人感叹，投资真的风险很大！但事实却是，因为缺乏相应的投资知识，因为尚未征服人性中的贪婪和恐惧，很多人在投资的时候总是一再地盲目投入、盲目卖出，导致一而再地陷入崩溃。

出于工作的原因，我曾经咨询过很多善于投资的专家，并从他们那里学到了很多宝贵的经验，其中最令人惊讶的经验之一竟然是：投资其实是一场无须预测未来就可以跑赢的游戏。只是大多数人将太多注意力集中在了预测未来上，而忘记了当下最应该掌控的事情。

没错，我们所需要的就是专注地把握好当下。我们无法控制经济走势，也无法控制股票市场的起起落落，很多投资专家曾坦诚地告诉我，其实他们自己也会频繁地在预测这件事上出错。我们所要做的就是利用知识和经验有效地管理和分配财富，让它们在可控的范围内持续创造价值。这样一来，无论金融市场出现怎样的波动，我们都可以顶住暂时的压力和风险，让被动收入跑赢主动收入，从而让自己拥有富足的生活。

相比于富人对财富的把控，普通人则显示出过分悲观和懒惰的态度，他们不相信自己对财富的把控力，也不愿意拿出时间学习财富知识，因此面临投资决策的时候，不是畏首畏尾，就是随意地投入，结果不但没有跑赢市场，反而令自己辛苦赚到的钱打了水漂。不断重复同样的错误，直到退出市场。

有位资深人士曾这样感慨："这个世界没有人会把精力花费在一件让自己总也得不到成就感的事情上，更没有人有足够的信心放在超出自己能力范围的事情上。如果参加考试的时候，你对眼前的题目没有充足的知识储备，单靠蒙，那蒙对的概率跟赌博又有什么两样？"富人之所以会赢，多半是因为其秉持着知其然，也知其所以然的态度；而普通人因为不知道深浅，盲目地投入，只能全部交给运气。同样是行动，两者之间所获得的结果却有天壤之别。很多人都觉得富人之所以富有是因为他们交上了好运，却不知他们是用知识的理性战胜了人性的感性，秉持着这样稳扎稳打的基本功，他们最终答对了考卷上几乎所有的题，并对这样的经历和事情乐此不疲，赚钱也就成了大概率事件。

投资决策是一种终极力量，而决策往往决定了每一笔钱的去向和命运。因此，为了让自己能做出正确的决策，一定要从现在开始就学会顺势而为、乘势而上。

正所谓："虽有智慧，不如乘势。"有的投资者顺行业发展的势，城镇化带动了中国房地产市场的"黄金十年"，其间买入核心城市、核心地段的商品房，收益都不会差；有的投资者顺着价格图表的势，用图表分析股票、期货价格走势，读懂价格沿阻力最小的方向运行……总之，投资者要取得成功，千万不要逆水行舟，真正的赢家投资总是顺势而为。因此，找准机会，坚持长期投资、价值投资，或许能让自己成为赢家中的一员。

打造属于自己的终身收入

畅销书《下一个百万富翁就是你》搜集了北美千万富翁的资料，并在一番系统的整理后总结出短短一句话："有钱人真的很善于管理金钱。"钱不问大小，只要在有钱人手里，它们就可以被管理得很好，而普通人则不知道该如何管理它们，以致老大不小了，还面临着"书到用时方恨少，钱到月底不够花"的窘境。

现在很多年轻人过着"月光族"的生活，他们总是抱怨工资太少，根本不够花，对于所谓的投资理财、养老规划，总是无能为力。

那怎样改变这种现状呢？

曾经有一位理财方面的专家很是感慨地对我说："我看现在的年轻人活得很潇洒，明明手里没什么钱，却超前过上了'小资生活'，刷爆信用卡去买一个几万块钱的包包，进一趟咖啡店少说消费也得几十块钱，工资还没发下来，信用卡账单已如期而至，这样的行为只能是让自己沦为金钱的奴隶，沉浸在负债不断恶化的痛苦中。若是每天能把去咖啡店喝咖啡的钱节省下来，进行一项长达二三十年的储蓄，那么到他们退休的时候，应该也有一笔很可观的养老金！"

这样的计划对于"月光族"而言可行吗？

在畅销书《拿铁因素》中，主人公已经为我们演绎了定期储蓄给生活带来的惊人变化。她只是把自己每天买咖啡的钱省下来，定期投入理财账户，过了一段时间后她发现账户里已是一笔惊人的财富了。她不但可以买下那幅一直舍不得买的装饰画，还可以进一步对这笔做出规划，为养老增添一笔额外收入。

"拿铁因素"是由美国金融专家戴维·巴赫提出的理论，旨在讲明生活中看似微不足道的日常开销如何累积成可观的财富。这些开销包括买糖果、瓶装水、香烟、杂志、报纸等，以及每天的拿铁等饮品。这些看似不起眼的支出，如果累积起来，可以形成一笔不小的财富。"拿铁因素"强调的是，通过控制这些日常的小额开支，可以实现财务上的大改变。例如，每天节省下一杯拿铁的钱，长期下来，节省的钱就可以用于投资，为自己带来显著的财富收入。

据观察，有钱人有时并不比普通人聪明，但他们管理财富的能力却与普通人很不一样。由此可见，财务成功和财务失败之间最大的差别，取决于一个人管理金钱的能力。而想要更好地驾驭金钱，首先要做的就是学习更好地管理它。

其实大多数人都不太愿意管理金钱，更不会将手中的钱与终身财富扯上关系，原因很简单，只要与长期规划扯上关系，就需要限制自己当前的消费。而另一种可能是，手里的钱本来就不多，对其进行管理，岂不是多此一举？于是每当谈起这个话题时，普通人总会找出各种借口，比如："等我有钱了，我再好好学习理财""当我赚到一笔可观收入的时候，再考虑管理财富也不迟"。但他们忽略了一个非常重要的观念，那就是："除非你能管理好现在的一切，否则就别想得到更多！"也就是说，管理金钱的习惯，比拥有的金钱数目更重要。

　　我们该如何管理好手里的金钱，构建终身收入呢？下面提供大家两个非常有效的工具，分别是财务自由账户和财务自由储蓄罐。

　　首先，说一下财务自由账户。我们可以到银行开一个对自己来说意义特殊的账户，将它设置为"财务自由账户"，每收到一笔钱，就把其中的 10% 转入这个账户。这笔钱只能用来投资被动收入，坚决不能用于日常花销。这个账户设置的目的，是创造一只能"下金蛋"的母鸡，天天下蛋，天天创造收益。这个账户里的钱是不能花的，只能用来投资，直到自己退休后才可以动用这笔钱中的盈利部分，但本金还是不能动。这样一来，账户里的钱便可以持续增长，使得我们以后不管遇到什么情况，都不会陷入身无分文的窘境。

　　其次，再来看看财务自由储蓄罐。我们可以买一个特别漂亮的大储蓄罐，也可以在一些手机 App 中进行设置。设置这个财务自由储蓄罐，是让我们每天坚持把一些钱放进去，具体金额并不确定，可以是省下的一顿饭钱，也可以是省下的打车钱，主要目的就是让自己养成随时存钱的好习惯。时间一长，这种储蓄习惯便会将更多的财富引入到我们的生活中，帮助我们攒下更多的钱。

　　其实管理金钱最重要的一个秘诀，就是维持好财富的平衡。一方面，你想多多地存钱，用存下来的钱赚到更多的钱；另一方面，你也要规划好"消费账户"，作为生活中兑现"小梦想""小确幸"的开支。这样一来，既为自己的终身财富提供了保障，又不会因为不敢花钱而降低生活质量。大多数的富人就是在这样持续的金钱管理中一次又一次地跑赢主动收入，过上了富有而丰盈的生活。

突破阴霾，教你识破几大财富谎言

"本来自己挣钱就已经很不容易了，结果不知道怎么就被别人的财富谎言掐住了咽喉，以致每当回忆起那段经历时，心脏都会怦怦直跳，好像下一秒自己就要窒息了一样。"有一个中年人这样向我回忆自己惨痛的投资经历，"当初对方说得天花乱坠，好像只要把钱拿出来就会马上兑现一个美好的未来，可结果……哎！未来不再有未来，手里的钱也不知道跑到哪儿去了。"

这样的经历，或许很多朋友都曾遇到过，比如，在所谓顾问的推荐下买了一款产品，只有前几个月有一点利息进账，随后不仅利息没了，本金还一直在贬值，可合同尚未到期，自己只能眼睁睁地看着账户里的钱不断缩水。此时没有人再给你勾勒愿景，也没有人对你惨痛的损失负责，这时你才深刻地理解了"市场有风险，投资需谨慎"这句话的含义。

其实，之所以被骗，主要还是我们的财富知识不够，听信了别人的谎言，没有搞明白这些产品是如何获取"丰厚"的投资利润的，不明白其运作逻辑和交易规则。盲目投资的结果只能是令自己辛辛苦苦挣到的钱打了水漂儿。

那么究竟怎么做才不会被谎言欺骗呢？怎么做才能更好地保证资金安全呢？下面就让我们结合一些常见的财富陷阱，逐个戳穿它们背后的谎言吧！

第一，信用卡提前消费：反正有工作，以后慢慢还呗！

信用卡是我们生活中很常见的消费工具，它可以透支额度，帮我们实现提前消费。即便我们手里的钱不够，在信用卡的帮助下，也可以立即买下自己心仪的商品。但这样的消费多了，就会形成债务，于是开始不断地做分期，然后慢慢像滚雪球一样越滚越大，以致拖欠、逾期，出现信用问题。

有个喜欢消费的女士坦言："现在真的想把这张卡冷冻到冰箱

里，这样每次想到要用它的时候，就得经历很长一段时间的思考，就有了足够的时间去考虑到底要不要买，而不是脑袋一热就把这家伙交到售货员手里。"

我们都知道，绝大多数信用卡都是复利计息的，而这种利滚利的计息方式会产生巨大的威力。比如你当下有一张普通的信用卡，这个月欠款额度为四千元，到了还款日，如果你以每月三十元的最低还款额度来还款的话，整体核算下来，要彻底还清四千元的债务，可能需要三十五年的时间。而经历了三十五年的复利计算以后，这四千元的利息就高达一万多元，这样高成本的代价，实在是太不划算了。

由此，我们便可以看清这个财富谎言的本质，所谓提前消费，绝对不是"有工作就慢慢还"这么简单！

第二，盲目选择理财顾问："把投资交给我们，我们能战胜市场！"

很多基金销售经理在为客户选择基金产品的时候，都会自信地说："放心地把投资交给我们吧，我们能战胜市场。"

作为一个老投资人，听到这样的话，大多只是轻轻一笑。投资市场上确实存在跑赢市场的人，但这样的人只是少数。而每当问到富人对于投资市场的概念时，回答永远是："投资是一个顺应市场的过程，而不是战胜市场的过程。"富人时刻将这句话作为投资的信条，而普通人却对这样的真理置若罔闻，所以才会在基金经理说出这样不切实际的谎言的时候，彻底失去防范意识。

事实胜于雄辩，越是企图战胜市场的操作，越会以惨败的形式退出市场。故而有经验的理财顾问都会以最为审慎的态度对投资所存在的风险和收益进行阐述，他们会让客户对可能遭遇的损失做到胸中有数，同时也不会把收益过分夸大。否则，你所面对的理财顾问很可能正面临销售业绩考核，或是经验并不丰富。

第三，错误的投资理念：高风险才能有高收益！

某些理财顾问在推荐产品的时候时常挂在嘴边的就是"高风险才有高收益"。

对于投资这件事，富人也会面对风险的考验，但不同的是，他们会通过将钱投到几个高风险高收益型的项目上来分散风险，这样即便亏损，也不至于赔上所有的家当；但凡其中有一个精准兑现，便可以以小搏大，获得丰厚的利润。通过这样的方式将收益和亏损相抵对冲，是一种很不错的投资选择。

这就是我们常说的"鸡蛋不要放在同一个篮子里"，意思是资金不要投资在同一个项目上，要分散投资，来降低风险。在理财畅销书《低风险，高回报》中，作者认为世界上最富有智慧的投资策略在于，我们要有条不紊地去赚那种风险和收益不相对称的"聪明钱"。对于富人来说，很多时候，高风险未必意味着高收益，而高收益也未必一定源于高风险。

分散风险才是财富管理中最明智的选择。资产配置、资产选择是财富管理的两个重要环节。所谓资产配置，即你的财富在大类资产中的配置，比如，在银行存款、股票、债券等资产中具体要分配多少资金。所谓资产选择，是指在某一类资产中的具体选择，比如买哪只股票、哪只债券等。对个人或家庭而言，在大多数情况下，都不应该将所有财富集中在单一投资上，不论这个投资看起来多么完美，而是应该利用不同资产的风险差异来减少投资组合的波动率，从而降低整体投资风险。

财富管理的第一原则是安全。"鸡蛋不要放在同一个篮子里"最大的好处是将风险分散，即可以达到"失之东隅，收之桑榆"的效果。比如，当A产品亏钱时，B产品可以赚钱。但有一些激进型投资家往往因为没有充分考虑投资的波动性和流动性，一味追求高收益而全部投资在单一产品上，最后陷入资金链断裂的困境。财富管理是全局配置，不是一城一池的得失。我们不能简单地将收益率作为唯一指标，而要把"鸡蛋"放在不同的篮子里，实现在承担最小风险的同时最大化地获得收益。

核算梦想，付出多少才能赢

到底拥有多少资金，才能真正投身于梦想？对于这个问题，或许你的回答是："我一直都在为梦想而努力啊，只是它一直没有实现罢了。"很多人起初都会有一个梦想，眼看着走了那么久，人生轨迹早已与当年的初心越行越远。

所以，现在不妨让我们来核算一下，你心中的那个梦想。很多人会说："啊，那数额可大了，私人游艇、高端豪宅、豪华跑车，怎么也得好几千万吧。"此时你可以闭上眼睛好好感受一下拥有这一切的感觉，然后问问自己，下一步该怎么做，才能离梦想更进一步。

和大多数人不同，富人投入金钱的时候，目标都非常明确，那就是"我要赢"；而普通人却总是恐惧，即便遇到不错的投资项目，也会畏首畏尾，原因无外乎三个字，那就是"不能输"。"我要赢""不能输"这不同的三个字，逻辑意义上却有着天壤之别，为了能赢得梦想，富人有时候会理性地承担风险，而普通人却总是在面对风险的时候显得底气不足，甚至恐惧。正是因为这种面对风险的胆怯，让他们在盈利这条道路上历尽坎坷，他们总是希望能够跟在别人后面"喝一点汤"，结果看见红利的尾巴时，不是时机已经过去，就是被市场狠狠地甩向亏损的战队。

那么究竟怎样才能实现梦想，成为人生赢家呢？首先，你需要为自己选定一个正确的工作模式，然后利用这个模式优化人生。关于这一点，畅销书《富爸爸穷爸爸》把人的财务状况划分为四个象限，如图 2-2 所示。

工薪族
Employee

企业家
Business Owner

别人给活做

系统自动做

主动收益　　E | B　　被动收益

　　　　　　S | I

自己找活做

资金自动做

自雇者
Self-employed

投资人
Investor

图2-2　财务状况四个象限示意图

E 象限：Employee（雇员／工薪族）

S 象限：Self-employed（自由职业者／自雇者）

B 象限：Business Owner（企业家）

I 象限：Investor（投资人）

这四个象限等于四个不同类型的现金流群体，你属于哪个象限，决定了你手头现金的来源。

E 象限：Employee（雇员／工薪族）

这个象限的人就是普通的打工族，每天不断地出卖时间和精力，最终换得的钱永远是有限的。无论你在哪里工作，只要主要收入来源是靠别人给你发工资过活，那都属于这一类。这些可以预见的收入叠加起来，若是没有其他的被动收入，基本可以说，此生要想成为富人，几乎是不可能的。等到你退休失去工作能力的时候，很可能情况会更糟。有限的退休金，无法支付老年生活的开销，也不能享受更好的医疗服务，这意味着一旦身体出现状况，或是急用钱，财力必将被透支，晚年生活也将陷入窘境。

S 象限：Self-employed（自由职业者／自雇者）

自雇者属于独立个体经营，主要是指自由职业者和小企业主，他们的特点是为自己工作。他们的情况或许要比工薪族好一些，具备独立个体经营的能力，拥有一定的主控权，却依旧会遭受各种限制，无法解放双手，也无法真正实现时间自由和财务自由。这也意味着他们所创造出来的利润和现金流同样是可以在前期预测的，也是相对有限的。若是没有进一步的投资规划，当下所收获的资本同样有可能在通胀的碾压下遭遇贬值。如果退休后面临财务危机，将与工薪族大同小异。

B 象限：Business Owner（企业家）

按照罗伯特·清崎的标准，当你拥有一个超过 500 人并且不需要你参与就可以自动运营的公司时，那你可以被称为企业家了。企业家的特点是让别人为自己工作。此时的你，终于可以摆脱时间和收益限制，向着更高的目标迈进。若同时秉持国家税收的优惠政策，不但可以节省不必要的开支，还可能从中获取更多的收益和利润。待到退休后，凭借公司多年的获利，就可以拥有不错的晚年生活。

I 象限：Investor（投资人）

当你拥有很多钱，并且这些钱每年都可以产生可观的收益时，你就可以被称为投资家了。投资家的特点是让钱为自己工作。相较于上述三种，投资人对于现金流的把握，一定是最炉火纯青的，你不但可以彻底摆脱时间和空间的局限，还可以通过投资让被动收入不断上涨，从而实现真正意义上的财务自由。你的资产中，有股票、债券、房产、贵金属、艺术品等，总之，这些大概率会为你赢得可观的被动收入。

左边两个象限的 E 和 S 主要靠时间换取收入，投入时间就有收入，不投入时间就没有收入；

右边两个象限靠别人的时间、金钱的杠杆获得收入，不投入时间就有收入，所以相对左边两个象限有更多的自由。

看了这四个象限，估计很多人都开始羡慕投资人的生活了，但转念一想，要想成为这样的人，对于手头资本有限的我们，简直就是望尘莫及的事。但前面三个象限的人，不管在什么时候，都可以选择朝着投资人的方向努力。我就曾经遇到过一个快递小哥，做投资十五六年了，如今被动收入已跑赢其一年的总收入，有效资本总和接近四五百万元，基本算是进阶财务自由行列了。由此我们可以看出，想成为富人其实也没有想象中那么难，难的是你愿不愿意接受富人感兴趣的财富知识，将大脑彻底转换成富人赚钱的思维模式。

就梦想而言，关键不在于你在中间努力了多少，而在于你究竟在经历人生的过程中做出了怎样的选择。同样每个月投入一千块钱，十年后有人年入百万，而有人却还是茫茫人海中的路人甲，之所以差距那么大，很可能是其在实现梦想的道路上出现了思维差异！

第三章 值钱特质：实现理想的第一步，
请先将你的资产升级

盘点、厘清你的资产负债表

要想管理好财富，我们首先要做的就是厘清个人和家庭的资产和负债情况，在这个过程中需要用到资产负债表。

表3-1 家庭资产负债表 单位：万元

资产	金额	负债	金额
现金及活期存款		房贷	
金融性资产		车贷	
预付保险费		消费贷	
金融资产合计			
固定资产			
资产总计		负债合计	
净资产			

所谓资产负债表，根据字面意思，无外乎由两个重要的部分组成，一个是资产，一个是负债。通常情况下，资产被标注在左边，负债被标注在右边。资产指的是那些能够赚钱的项目，如现金及活期存款、金融性资产、固定资产等。而负债指的是所欠的外债，如房屋贷款、汽车贷款、消费贷款等。当两边的内容全部填充完毕时，我们便可以计算得出两个重要的数值，一个是总资产，一个是总负债，用总资产减去总负债就可以得出净资产，也就是真正属于我们的财务净资产。

那么，资产负债表与我们的生活究竟有什么关系呢？

从理论上来说，资产可以为我们带来更多的收益，而负债只会让我们手里的钱越来越少，所以，最明智的选择是将金钱尽可能地流向资产，而不是负债。为此我们需要对购买的产品进行准确的分析，分辨出哪些产品具备升值潜力，哪些产品会发生贬值。

制作资产负债表的目的是帮助我们厘清资产与负债的情况。我们可能会购买很多自己觉得是资产实则是负债的东西，如豪华山地车、跑车、游艇，抑或一些自己觉得很有收益但事实并非如此的投资项目。由于对这些产品或项目不甚了解，盲目地进行投资，就有可能招致较大的亏损。而富人在分析资产和负债的时候，总会将钱投入自己最了解的行业，这样不仅能有效地规避风险，还能收获相对确定的收益，同时也是对收支管控的最佳策略。

积累财富不仅是一个不断权衡和理性判断的过程，还是一门精准投资的技术。如果我们能够在认清资产和负债的同时，理性地消费，控制欲望，说不定就能在不久的将来积累一笔不小的被动收入。唯有更好地把握财富增值的机会，才能在财富管理方面把握住先机，从而让手中的财富形成"滚雪球效应"。这或许就是普通人与富人之间最本质的差异，同样是奔跑，有人只想在贡献时间、精力的状态下获得更高的收入，而有人却在思考如何才能让被动收入跑赢主动收入。两种不同的选择，缔造的是两种截然不同的人生，一个相当于原地踏步，而另一个早已跑出百米之外了。

人生的不同，往往会在一系列的选择中产生，若是此时的你，能够提早觉醒，意识到财富管理的重要性，那就请快些行动起来，给自己的财务状况来一次彻底的"体检"吧！

"收入 - 支出 = 储蓄" or "支出 = 收入 - 储蓄"？

你有没有这样的烦恼？年初设定了目标，今年一定要存下钱，可结果月月仍然是"白月光"。工资不高的月份，花销不少，攒不下钱；工资上涨的月份，花销、应酬也变多了，依然攒不下钱；每个月查看银行卡，发现余额总是上不了四位数。为什么你总是攒不下钱？别急，极有可能是因为公式用得不对。

"收入 - 支出 = 储蓄"，这是你一直在用的理财公式吗？每个月工资到账后，除了刚性的车贷、房贷，总是还有很多想要购买的东西，如一件心仪已久的外套、一场期待已久的电影、一顿心心念念的大餐、一堆难得打折的护肤品等，每一样似乎都必不可少，最终导致月底银行卡告急。

你发现上面这个公式的陷阱了吗？每次都是先满足了各种支出后，有剩余的才是储蓄，储蓄多少，是否有储蓄，只能看运气。可是

人的欲望是无穷的，支出是没有上限的，最后很可能就变成"收入 –
支出 =0"，甚至为负值，因为还有可以透支的信用卡和花呗。

这种没有计划、没有目标的理财公式，正是大多数人所使用的。
那么，富人会怎么做呢？

答案就是："支出 = 收入 – 储蓄"。乍一看好像没什么区别，却
是另一种完全不一样的思维，即有计划、有目的、主动的储蓄观。
每个月发工资的时候，先拿出一部分进行储蓄，剩下的才是用于日
常支出的。在月初可以设置一个既有挑战又可实现的储蓄金额，把
这部分存入你的储蓄账户，剩下的部分留作开支。这时如果能设置
多个不同的账户，将不同账户的资金分别用于不同的开支项目，不
仅更有针对性，也更能发挥"钱越少，边际效用越大"的效果。

上面是两种截然不同的储蓄思维，一个是发了工资先去消费，
另一个是发了工资先去储蓄，结果就是一个存了一堆可选的生活用
品，而另一个存了一辆汽车、一套房！毕竟，我们都知道认知决定
思维，思维决定行为，行为决定结果。

提升价值，是成为富人最好的时机

著名投资者查理·芒格说过这样一句话："要得到你想要的某样东西，最好的办法是让你自己配得上它。"这句话虽然说得很现实，但有着理性的财富思维。面对一件心仪的价格不菲的商品，普通人要么放弃，要么刷爆信用卡，先搞到手再说。而富人则会思考通过怎样的方法，需要多长时间的积累才可以得到这件商品。他们不仅得到了想要的东西，同时还提升了自身的价值，让自己能配得上它。

在这个世界上，有太多的人想让自己过得舒坦，舒坦没什么不好，但首先要做的，是在提升自身价值的前提下享受这种舒坦。

某个亿万富翁的朋友说："如果你的目标就是为了过得舒坦，那你很可能这辈子就与富人这个身份无缘了。但如果你的目标从一开始就是赚大钱，那么毫无疑问，实现这个目标以后，你的生活就会变得很舒坦。所以别在投资自己这件事上省钱，花再多的钱在自己身上都不亏⋯⋯"

普通人与富人之间的一个关键区别，就在于普通人将手中的钱直接用于物质消费，而富人更倾向于进行自我投资、自我提升，这对于未来的人生起着至关重要的作用。于是你会看到普通人在面对高昂的培训费用时总是停滞不前、犹豫不决，而富人只要认准培训能给予自己所需要的知识和价值提升，便会毫不犹豫地投入，并以此作为助力，达成自己渴求已久的财富目标。

我们可以看看现在世界上最有钱的那些人是怎么做的：

比尔·盖茨每年都会读很多书，还会分享自己读过的书给大众；

沃伦·巴菲特和查理·芒格都跟"学习机器"一样，是终身学习者⋯⋯

还有很多富豪榜上的有钱人，都十分重视读书和学习。

对有钱人来说，时间就是金钱，他们对时间很吝啬，不会在没有价值的事情上浪费时间。从某种意义上说，学习是最有价值的事，也是成功的捷径，对每个人来说都是最好的长期投资。请记住，知识经济时代已经到来，普通人逆袭的关键就在于学习和掌握知识。知识就是生产力，知识就是力量，这种力量可以让你发家致富。

所以，如果你想要得到一件东西，付出和努力是必不可少的。但如若此时你已经转变观念想成为一个真正的富人，那至少从现在开始，要学会以富人的思维来主导消费，把钱花在刀刃上，把不该花的钱放在投资账户里。从某种角度来说，你学到的知识，也算是一种资本的净值，它会在提升你技能的同时，助力你得到更丰厚的财富资本。

记得早些年，看到过一个报道，说有一个超市收银员每天除了日常的工作以外，其他时间都用来学习投资理财的知识，他将工作攒下的钱作为启动资金，之后持续不断地进行定投，也恰逢赶上了好行情，从而依靠着学习和定投实现了身价百万。

"其实我就是拿着手头那一点钱到市场上去投资。"他这样说，"我人生中最值得的一笔投资，就是花了三万多块钱报名了为期两年的投资理财课程，它让我具备了掌控金钱的技能，改变了我看待财富的格局，富人的思维也逐渐被构建起来，我开始能看清楚哪些是值得入手的资产，哪些是应该放弃的负债，同时也收获了自信和乐观。尽管我现在还算不上真正的富人，但是被动收入已经可以覆盖生活开销，也算是迈入财务自由的大门了。"

可见，富有与我们之间的距离近在咫尺，关键看你是否掌握要领，是否知道自己想要什么，是否知道通过怎样的方式赢得这一切。这是一个思维的改变过程，倘若此时你可以彻底厘清思路，你就已经不是从前的你了，而是站在财富的风向标上，开始迈向富人的一个全新的你。

那么，怎样才能实现这个目标呢？

首先，提升个人能力。

不管你从事的是什么行业，都需要把自己打造成潜力股。这里所说的个人能力，既包括通过工作挣钱的能力，也包括投资理财赚钱的能力。你需要有一个清晰的职业规划，它不仅会带给你一份收入，还是可以进一步实现的期权。

有人说，普通人在年轻的时候或者说成为富人的第一步，先是靠辛苦、勤奋挣钱，舍此别无他法。这是因为，不管是想靠创业赚钱，还是想靠投资赚钱，你都得先有一定的资本基础。再者，辛苦和勤奋也是一个打磨自我的过程，如果没有这个过程，即使给你一笔钱让你去创业、去投资，你十有八九也不会成功。所以，你如果钱不够，那就什么话也不要说了，先辛苦挣钱吧，一边挣、一边存，同时提升个人能力，时间久了，你的钱包就会鼓起来，挣钱也就自然会过渡到赚钱。

人无远虑必有近忧，有钱人赚钱，不仅是要确保当下的生活，还要为未来做好准备，因此，在财富积累的过程中，永远也不要嫌钱少，要不断提升个人能力，此外，赚钱的愿望必须很强烈，要敢于去冒险挑战，并敢于付出持续不懈的努力。

其次，掌控富人眼中的"净资产"。

有些人每天只知道盲目地工作，勤勤恳恳上班，丝毫没有打开财富格局，也没有主动赢得"净资产"。那么，什么才是富人眼中的"净资产"呢？毫无疑问，它们一定是能在未来提升你自身价值的东西。比如，高层次的人脉、进阶性的技术和知识、助力财富扩展的期权和股权、研发项目的版税和产权，以及能够创造财富的资本和资源。你想清楚了这些，就不会把有限的生命倾注于办公室那些无意义的争吵中，而会更关注自己的职业规划和投资规划，以及如何创造源源不断的财富收入。

常言说得好，千里之行始于足下，最好的开始，就是从此刻开始。富人永远不会用自己的时间换取收入，而是会想尽各种方法提升自己的价值，因为他们知道，即便有一天身无分文，靠着富人思维，仍然有机会赢回失去的一切。人生缺的不是机会，而是想法，若此时的你也想给自己一个致富的机会，那就从现在开始，提升个人价值，掌控"净资产"，学习并使用富人的思维，消费、生活和思考吧！

终极目标清单，先优化你的资产配置

富人常常会有一份目标清单，里面记录着他们想要达成的财务目标，以及实现目标的计划，如该怎么做，才能在抵御风险的同时，拥有最优的资产配置。其实，目标和计划永远是紧密联系的，它们是财富路线图的导航，能让我们规避不必要的风险，以顺利达成目标。

那么，究竟应该怎样有效地设定财务目标呢？在畅销书作家托尼·罗宾斯的《钱》一书中，他将一个人的财务目标分成五个层级分别是：

财务安全。这是最基本的财务目标，确保个人或家庭在经济上有所保障，能够满足基本的生活需求。

财务活力。这一层级强调的是通过投资和理财，使个人或家庭的收入和资产能够持续增长，保持活力。

财务独立。达到这一层级，说明个人或家庭已经实现了经济独立，不再依赖工资收入，而是通过投资、租金、版税等多种方式获得收入。

财务自由。这是更高层级的财务目标，意味着个人或家庭已经实现了真正的经济自由，可以自由选择自己想要的生活方式，不必为了生活而工作。

绝对财务自由。这是财务目标的最高层级，说明个人或家庭不仅实现了经济上的极大自由，还可能在某种程度上影响或改变周围的环境或社会。

通过这五个层级，我们可以系统地规划财务目标，从基础的财务安全到最终的绝对财务自由，逐步实现个人的财务目标。如此层层递进，或许很多朋友会满怀憧憬地说："实现财务自由的人生真是太好了！"

那么，究竟怎样才能做到有效地资产配置，在巧妙规避风险的同时，实现钱生钱呢？

从整体上来说，富人在资产配置方面的思路主要分为以下三个重要的板块，分别是安全板块、增值板块和梦想投入板块。

第一，安全板块。

这个板块主要是求稳，资产主要用来做一些固定收益型的投资，如货币基金、债券、养老金等。首先它能给未来提供更多的保障，实现保本保收益；其次它一般支取灵活，可以应对不时之需，为家庭和企业提供应急的资金保障。这个板块的投资不是进攻，而是防守，最大限度地保证本金安全、收益稳定。

第二，增值板块。

这是一个存在进攻气质的板块，可以尝试着承担一定的风险，同时以小博大，赢得丰厚回报。这里的投资多为股票、基金、房地产、商品期货、外汇、艺术品等项目，目标是为了追求更高的收益。

第三，梦想投入板块。

在这个板块中，可以定期拿出总收入的一部分来为梦想消费。它可以是一个想要听的课程，也可以是一件梦寐以求的商品，还可以是环球旅行，甚至可以是公益慈善。

这样简单明了的三个资产配置板块，既平衡了风险，又考虑到了保障、增值和梦想，即便未来不工作，也可以依靠强大的资产配置保障不错的生活。富人最擅长的不是挣钱，也不是赚钱，而是有效率地管理金钱。他们永远会把钱放在最该放的地方，让每一分钱成为种子，源源不断地创造价值。

所以，别说你的人生拼不过富人，只要学会他们的思维，应用和他们一样的管钱模式，实现财务自由，其实也很简单！

用好复利魔法，成就你的财富人生

有一次和一富人朋友闲聊，他饶有兴致地计算道："1626 年，彼得·米努伊特用价值只有 24 美元的廉价首饰从美国土著那里买下了整个曼哈顿岛。如果那时候，这些土著按照每年 8% 的复利将这笔钱用于投资，到了 2012 年，也就是 386 年以后，其手中的原始资金 24 美元就会变成一笔 121 万亿美元的巨款，这绝对能够帮助他们重新买回整个曼哈顿。"

为了能让大家更进一步理解财富积累的复利思维，接下来给大家讲述一个小故事。

一个国王要奖励一个年轻人，年轻人说他只要一点小奖赏：就是在围棋的棋盘上放上麦子，棋盘的第一个格子中放上一粒麦子，第二个格子中放上两粒麦子，接下来每一个格子中放的麦子数量都是前一个格子中的两倍，直到将棋盘的每一个格子都摆满。

国王没有仔细思考，便欣然同意了。但很快国王就发现，即使将国库中所有的粮食都给他，也不够。从表面上看，这个年轻人的要求起点很低，但是从一粒麦子开始，经过很多次的翻倍，就迅速变成了庞大的天文数字（1千克麦子约4万粒，换算成吨的话，年轻人要的奖励约等于4611亿吨，而我国2023年粮食年产量为6.95亿吨，这就相当于我国粮食年产量663年的总和）。

我问过一个做投资的朋友，大多数人在投资方面所犯的错误是什么。他连想都没想，便直截了当地说："那应该就是他们在投资的时候没有充分意识到复利的强大力量吧！复利本可以利滚利地为我们带来财富，但很多人宁愿选择短期高收益的产品，也不肯相信时间带来的复利效应。"

美国著名投资人巴菲特的成功秘诀是什么？复利。爱因斯坦曾说过："复利的威力比原子弹还可怕，是世界第八大奇迹。"

1994年10月10日，巴菲特在内布拉斯加大学的演讲中说过一句关于复利的至理名言，他说复利有点像从山上往山下滚雪球，最开始时雪球很小，但只要往下滚的时间足够长，而且雪球黏得适当紧，最后雪球一定会变得很大很大。还有一句更精练的金句叫"人生就像滚雪球，重要的是找到很湿的雪和很长的坡"。巴菲特用滚雪球比喻通过复利的长期作用实现巨大财富的积累，这个比喻里，"雪"指的是投资，"湿度"就是投资收益，"斜坡"是坚持投资的时间，斜坡越长，时间越长，复利效应就越明显。

有人总结巴菲特的致富经，简而言之就是：时间 × 复利 = 财富"原子弹"。复利效应就是财富裂变的原动力。但很多人因为短时间内看不到它的益处，便将它彻底忽略了。那么，利用复利威力的理财模式究竟会给我们的生活带来怎样的不同？

在回答这个问题之前，先让我们看这样一个案例。一对孪生兄弟今年都刚满65岁，正式步入退休年龄，哥哥早在20岁的时候，就开立了退休账户，之后的20年里，每年定期往里面存入4000元人民币，到了40岁的时候，因为各种原因，他没有继续追加，而这个账户依旧每年能获得大概10%的税后净收益。

而弟弟直到40岁的时候，才开始设置退休账户，也是每年向退休账户中存入4000元人民币，每年也能获得10%的税后净收益，他一直存到65岁退休，整整持续了25年。

哥哥起步早，一共在退休账户中存入了8万元（4000元/年

×20 年，每年的投资收益率是 10%）。而弟弟起步晚，一共存入了 10 万元（4000 元 / 年 ×25 年，每年投资收益率是 10%）。当他们同时退休的时候，其所收获的本息之和却有着天壤之别，提前开户的哥哥比弟弟多出了近 600% 的收益。

富人从一开始就相信并期待复利能带来丰厚利润，所以他们主张长期定投、长期持有，这样就可以在相对平稳的状态下获得时间带来的复利效应。在这个过程中，很多人只是看到了他们财富膨胀的光鲜，却忘记了，站在山顶的人曾经的付出和努力。

本杰明·富兰克林在 1790 年去世的时候，从自己的遗产中分别留给波士顿和费城 1000 美元。附赠的条件是，要把这笔钱用来投资，而且在未来 100 年的时间里都不许动，100 年以后，每个城市可以从这个账户中取出 50 万美元，用于指定的公共设施建设，而账户剩余的资金要继续保持投资，100 年不许动。结果在富兰克林去世以后的 200 年里，美国股市的平均复合收益率在 8% 左右，到了 1990 年，当初的 1000 美元已经变成了 650 万美元，而且其间没有追加过一分钱的投资。

其实，复利有两大关键因素，一是较长的复利周期，二是较多的复利次数，也叫复利频率。复利周期越长，复利次数越多，利滚利就会越快，复利效果就越明显。比如，1 年期的产品复利周期只有 1 年，可以看作是 1 年复利一次，5 年期的产品可以看作是 5 年复利一次，10 年期的产品可以看作是 10 年复利一次。从复利次数考虑，肯定是复利次数越多的产品，复利的效果越好。但现实生活中，期限越短的产品，年化收益也越低，那么，有没有一种年化收益相对较高，同时能按年进行复利增值的产品呢？这样的复利产品，是投资的最优选择。

第四章 市场价值：抢占优质市场，成为众人眼中无可替代的"爆品"

精准提问：市场对富人来说究竟意味着什么

人们总是从富人那里频繁地听到"市场"这个关键词，于是便好奇地问："市场对富人来说究竟意味着什么？"而富人可能的回答是：市场本身不能为一个人提供足够的财务安全保障，因为它是管理财富的重要途径，但只要用心深挖，却总可以从中寻觅到赚钱的惊喜。

说到这，可能很多人会一头雾水，觉得"市场"就只是个概念。从富人的角度来说，市场距离人们的生活并不遥远，若想更进一步地了解它、把握它，最好的方法就是从距离自己最近的商店开始，顺着马路，到每一个街区走一走看一看，说不定就能找到一些关于市场的灵感。

市场，在你饿的时候购买的面包里，在你渴的时候想喝的饮料里；它是你每天出门要坐的公交车、出租车，也是你消遣时买下的那张电影票；它是你工作时要用到的电脑，也是电脑里每天都在用的办公软件；它出现的形式可能是给你带来便利服务的 App，也可能是你走进百货公司时认准了的服装和电器品牌。

对富人而言，研究市场是一项很有意思的工作。富人会收集上市公司近几年的重要信息，研究公司现在的经营状况，分析公司近几年的财报数据，以及近期市场可能发生的变动。对此著名投资家彼得·林奇曾说："我要继续尽可能地像一个业余投资者那样思考选股。"他认为，寻找十倍股的最佳地方应该从你家附近开始，在那里找不到，就到大型购物中心去找，特别是到工作的地方去找。

彼得·林奇觉得每个人在选择股票的时候，都应该从自己最熟悉的行业和企业入手，因为能看懂它，所以才能清晰地了解它的真实价值，这样投资就可以多几成胜算。大多数富人秉持的原则是：即便某家企业在市场上拥有强劲的获利可能，但只要自己对它一无所知，最好还是不要贸然行动。稳健的投资永远要从自己看得懂的事做起，对于那些自己不了解、看不懂的事，最好不要盲目自信，否则会吃大亏的。

曾经有个投资家对我说："如果你对医生们做调查，我敢打赌他们只有少部分人会去投资医药股，反而会将更多的钱投入石油、电力、房地产等行业；如果你去找鞋店的老板调查，他们可能已经把钱投到了航空股上；而航空工程师呢？可能带着极大的兴趣投资鞋业的股票。这是个多么荒谬的现象，所有人都觉得别人家的草坪比自家门前的更绿一些。"但倘若你想要在市场上赚到更多的钱，首先要克服的就是这样的错误观念。

富人的投资之道就是只选择看得懂的生意。他们知道，省下来的钱应该用于创造更多的财富，而不是沉睡在银行里。他们会选择投资自己熟悉的行业、项目，以确保每一笔投资都能够获利。而那些贪图一夜暴富的人，则常常投机取巧，轻信他人，最终陷入泥淖，痛失金钱与信心。

通过对富人做事原则的剖析，可以认识到创造财富并非单纯的"勤奋"和"聪明"，更需要智慧、技巧、经验和坚持。我们应该学会从富人的成功经验中汲取灵感，谨记时间的价值，专注于自己熟悉的领域，并将资产看作赚钱的工具，这样才能让赚钱的路越来越宽广。

"复杂事简单化"遇到"精准事效率化"

很多朋友问我："富人的思维模式究竟是什么样的？"我思考了许久，答案只有两句话，那就是："遇到复杂事情简单化，遇到精准事情效率化。"富人在投资的时候不会打乱自己的节奏，他们会应用好财富工具，以更多元化的视角，来全方位地衡量投资项目，并果断做出决策。

在富人看来，宇宙是一个复杂的整体，任何人都不可能以单一的思维模式看清事物，否则得出的答案很可能与现实世界背道而驰，形成扭曲的判断。这种感觉就像一个手持铁锤的人，不管看到什么，脑子里想到的都是钉子。相比之下，多元化的思维，能让我们全方位地了解事物本身，化繁为简地得出更为精准的结论。

面对同一个事件或现象，富人关心的不是发表自己的看法，而是了解其背后更多的看法和可能。他们希望能够丰富自己看待问题的角度，从而在今后的财富管理中有更多的视角。

从"复杂事简单化"这条原则来说，著名投资家查理·芒格认为：在从主观理解到客观实践的过程中，主观世界和客观世界之间有一条深深的沟壑，主观世界里有一大堆绝对的原则，而客观世界里只有刚刚好的行动。如果你能够从那些琐碎的认知理论中爬出来，就已经算是在某种程度上弥合了这条沟壑，并将那些和主观世界不一致的东西，重新放到自己的意识世界碾碎，从而重新整合出一套适合自己的简单体系，这种自我重建的过程，往往会是一个人最有效率的成长。因此，一个人成长得越快，就越会在自己的精神世界里拥有更多复杂的、多元的东西。所以查理·芒格在《穷查理宝典》中一再强调"多元思维模型"，而这种"多元思维"的理念，就是主观世界和客观世界之间的黏合剂，是防止我们掉进沟里的大网。

说完了"复杂事简单化"，接下来我们再来探讨一下"精准事效率化"。

在富人的逻辑中，与其去思考应该做什么，不如首先搞清楚不应该做什么。他们将这种思维模式称为"反向推理"。对于我们人类的大脑而言，反向思考往往能够助力问题的效率化解决。它会帮助我们快速屏蔽掉一切不需要考虑的事情，以更专注、更自信的方式采取决策，落实行动。这件事在富人进行财富投资的时候，同样适用，而且每一次都能帮助富人精准有效地做出选择。

在富人看来，投资项目无外乎三种，分别是可以投资的项目、不能投资的项目和太难理解的项目。大多数富人在选择投资项目的时候，首先考虑的是如何有效地规避风险，如何在规避风险的前提下最大限度地获得收益。所以他们大多只在"可以投资的项目"中进行选择，其他的两种都不加以考虑。

那么，怎样才能评估一个项目是"可以投资的项目"呢？秉持"精准事效率化"的原则，最重要的前提有以下四点：

第一，这个项目容易理解，运营条理足够清晰，要有一定的发展空间，且能够在下行的市场环境中生存；

第二，除了参考公司的财务报表，还需要对企业的内外部因素进行全方位的考虑，看清行业的发展前景，了解企业当前的运作思路，以及后续数年的运营计划；

第三，要看公司的"护城河"够不够宽，这个"护城河"其实就是行业壁垒，也是公司发展能重新回归正轨，维持稳定增长的能力；

第四，投资股价高的大企业，要比投资股价低的普通企业更好。普通企业虽然也有牛市中的上升机会，但或许就是"风口上的猪"。相比之下，股价高的大企业从综合实力上来讲会更有优势，也更能保证财务安全。对富人来说，世界上最聪明的投资就是有价值的投资，必须先评估一个企业的价值，再评估其股票的价值，还要根据企业的竞争优势来判断是不是应该继续持有这家企业的股票。

讲到这里，你可能对富人投资的思维和理念有了进一步的了解，开始有意识地利用富人的视角审视自己的资产。其实无论是学习一种思维模式，还是练就一门投资技能，真正获得提升的是你自己。在这个过程中，你会受到很多思维概念的影响，也因此会对世界格局、市场趋势、行业发展有更深刻的感知和判断，当你与整个世界的趋势匹配度达到一个更高的水准时，不管是做投资、搞实业，还是投身于一件自己特别想做的事情，都会顺风顺水，在预想的轨道上收获意想不到的成就。

先别想着成为战胜市场的那个人

著名投资学家塞思·卡拉曼说："战胜市场很重要，但控制风险同样重要。投资者必须首先要问问自己，你感兴趣的是相对收益还是绝对收益。从定义来说，你的股票下跌45%而市场下跌50%就叫作'战胜市场表现'，但对于我们大多数人来说，这是多么惨烈的胜利啊！"

市场就好像是一片充满未知的丛林，里面有很多的未知，而这些不可预计的因素很可能会演变成某种伤害，以最让人难以理解的方式颠覆我们的认知和财富。因此我们要做的不是打败丛林中的一切，而是要掌握其中的规律，安全地在其中挖掘宝藏，并获得可观的收益。

专业投资人很少会关注那些被审核的理财节目和一些没有价值的激烈争论。很多主持人和专家会扮演预测市场的"先知"，大肆地宣传热门的股票，这些声音公说公有理、婆说婆有理，让人越听越迷糊，越听越不知道下一步该怎么做。他们是跑赢市场的人吗？其实，很多鼓吹可以跑赢市场的人，其根本目的不在于帮你赚钱，而只是为自己找到一个赚取劳务报酬的工作机会。

从投资角度来说，投资跟是否跑赢市场关系不大，最重要的是怎样做才能以确定的方式实现每个阶段的财富目标。

对此，股神巴菲特给出的建议是："非专业投资者的目标不应该是挑选牛股——不论是他还是他的帮手（投资顾问和基金经理都不可能做到），而应该是同时拥有所有代表性企业的股票，这批企业整体而言肯定会做得很好。一个低成本的指数基金，就可以实现这个目标。"而耶鲁大学首席投资执行官大卫·斯文森讲得更透彻，他说："你看一看扣除费用和税收之后的净收益，就会知道在比较长的期限内，你几乎没有可能战胜指数基金。"

从客观角度来说，暂时的业绩优于市场跟真正的战胜市场毫无关系，因为它很可能带有一定的运气成分，而战胜市场是你真正找到了统计学上的客观优势，并能以此在市场的运作中持续重复获利。所以，战胜市场是很困难的，因为市场除了其特殊的规律外，更多的时候与参与者的心理变化有关。

所以富人在面对市场的时候，目标会十分明确："我从来不是要战胜谁，而是要从中最大限度地获得自己想要的东西。"他们从一开始就会确立一个稳健的投资目标，均衡地评估可能遇到的风险，从而在风险与收益相对均衡的情况下，让资产不断增值。

著名投资人瑞·达利欧的配置思路就很值得大家借鉴。他将30%的资产配置在股票上，将15%的资产用来购买中期国债，将40%的资产用来购买长期国债，最后将两个7.5%的资产分别配置在黄金和大宗商品上。

这里要特别提到两点，第一是在投资股票时，千万不要把鸡蛋放在同一个篮子里，而是要分散投资，最好的选择就是购买指数型基金。

第二是要将这样的配置进行定期平衡化操作。也就是当某一块资产表现很好时，就必须卖掉其中的一部分，把它所占总资产的比例调回到最初的配置比例，像这样的平衡整合最好每年做两到三次。虽然这个过程确实很烦琐，但它可以在整体财务格局上最大限度地提高胜算。

经济有它的周期，资产也有属于自己的"好季节"。那么，对于在哪个"季节"（经济环境）应该配置什么资产，我们可以参考著名的"美林时钟"理论。"美林时钟"是美国投行美林证券提出的资产配置理论。他们研究了美国市场超过30年的数据后，发现经济周期、资产配置和产业轮动之间是存在一定关系的，并且把这一理论归纳总结为"投资时钟"，也就是"美林时钟"。

美林时钟使用经济增长（GDP）和通胀（CPI）两个指标，将经济周期分成了四个阶段（季节），每个阶段（季节）对应不同的资产配置表现（如图4-1），以"复苏—过热—滞涨—衰退—复苏"进行周期轮动。

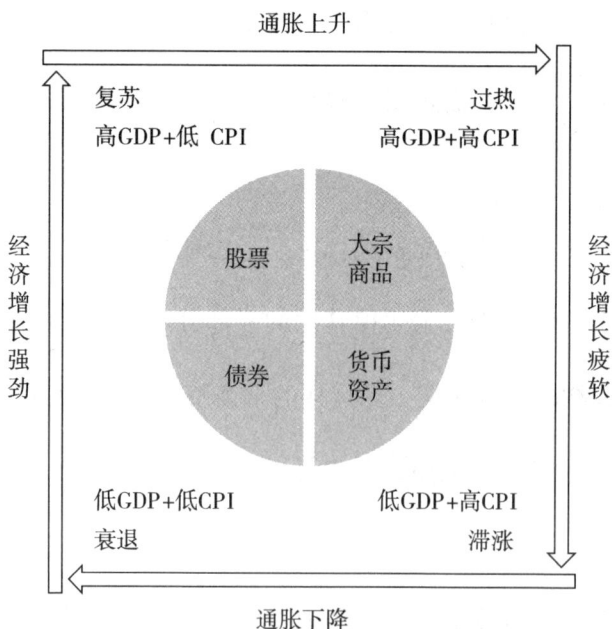

图4-1　经济周期四个阶段资产配置表现

接下来，让我们具体来分析一下这四个阶段（季节）的特点：

（1）复苏阶段：高 GDP+ 低 CPI，经济上行，通胀温和。

经济复苏阶段，实体企业盈利回升，股票资产对经济复苏的敏感度更高，向上弹性更大。整体来看，股票相对债券和现金资产存在明显的超额收益。

资产整体表现为：股票 > 债券 > 现金 > 大宗商品。

（2）过热阶段：高 GDP+ 高 CPI，经济上行，通胀显著上行。

为遏制通胀和经济过热，货币政策转向紧缩（比如加息）。债券由于市场利率上行而表现较差；同时，通胀上升增加了现金持有成本。另外，趋于紧缩的货币政策可能会压制股市的估值，此时大宗商品在高通胀环境下表现最佳。

资产整体表现为：大宗商品 > 股票 > 债券或者现金。

（3）滞涨阶段：低 GDP+ 高 CPI，经济下行，通胀上行。

经济下行，股票会受到企业盈利下降的拖累，并叠加流动性紧缩的影响，因而表现最弱；在流动性环境偏紧，市场利率预期偏高的环境中，债券市场表现疲软；大宗商品依然会有较好表现。此阶段，经济周期接近尾声，且即将步入衰退阶段，此时"现金为王"。

资产整体表现为：现金 > 大宗商品 > 债券 > 股票。

（4）衰退阶段：低 GDP+ 低 CPI，经济下行，通胀下行。

经济增速持续下行，同时通胀下行，企业盈利较差，市场利率下降，为提振经济增速可能会采取宽松的货币政策（如降息、降低存款准备金率等经济刺激措施）。大宗商品因为经济低迷、需求不足而表现较差；股票由于企业盈利走低而表现一般；债券受益于宽松的货币政策、市场利率下行而表现较好。

资产整体表现为：债券 > 现金 > 股票 > 大宗商品。

这四种截然不同的经济环境构成了投资市场中四个特质不同的"季节"，每个"季节"都有表现好的资产种类，也都有收益率表现偏低的资产种类，尽管我们无法把握每一个"季节"的走向，但只要将资产进行合适的比例分配，就能够确保在不同的"季节"享有美好的收益。相比于企图"战胜市场"的雄心，这样的财务选择，是不是显得更理性、更实际呢？

时机悖论，激活你的逆向思维

投资需要机缘，就是要有准确的买入时机和卖出时机，只是这个时机很难把握。股票市场本身并不产生财富，而是将大多数投资者的财富转移到少数人的口袋里。直截了当地说，这是一场击鼓传花的游戏。在这种情况下，股市的"一盈两平七亏"或"二八定律"将一直存在。

总有人会问："为什么富人能从股市赚到钱，而我入市就会赔钱呢？"原因很简单，你可能根本就不知道市场的运行规则，所以总是在选择上出问题。该买进的时候卖出，该卖出的时候又买进……如此循环下去，金钱肯定会流到更懂得运作的人手里，因为他们熟悉其中的策略。

投资拼的不是财力，而是你是否有富人思维。很多人都说投资是门艺术，其中最核心的部分就是要把握好心理因素，而这个因素很可能并没有我们想象中的那么简单。很多投资人都希望能战胜市场，但大多数富人却希望能在顺应市场规律的运作中，获得稳定的收益。

到底怎样才能在市场中游刃有余，有没有可以借鉴的宝贵经验呢？

曾经和一个富人朋友聊天的时候，他明确地指出了富人和普通人在投资这件事上截然不同的思维差异。他说："普通人在投资的时候，一般用的都是简单的第一层次思维，秉持这样思维的人，寻找的都是一些简单的准则和答案。所以才会在股市波动的时候随波逐流，根本不去了解市场更深层次的原理和规则。但是富人从一开始就知道成功的投资永远都是简单的对立面，所以他们在投资上的表现时常是逆向的、偏离常态的，并且这种'逆向思维'带来的投资行为往往要比传统思维更正确，最终收获的回报也会更高。"

之所以有更好的投资结果，是因为富人调动的是第二层次思维，尽管秉持这样的思维并不能保证每次都成功。

或许此时有人会问："究竟什么才算是第二层次思维呢？"很简单，"看准时机，反其道而行之"。

为了更好地说明第二层次思维（逆向思维）的应用，表4-1展

示了第一层次思维（传统思维）与第二层次思维（逆向思维）在投

资决策中的对比。

表4-1　两种思维方式在投资决策中的对比表现

思维方式	决策依据	预期结果
第一层次思维（传统思维）	市场趋势、大众情绪	跟随市场波动
第二层次思维（逆向思维）	基本面分析、市场情绪反响	发现低估资产，获取超额收益

第一层次思维的人说："这是一家好公司，我要买进这家公司的

股票。"

而第二层次思维的人可能会说："这的确是一家好公司，但人人

都觉得它是一家好公司，所以它算不上值得投资的好公司，得赶紧

清仓该公司的股票。"

第一层次思维的人说："市场可能要进入低迷期，得赶快卖掉

股票。"

而第二层次思维的人可能会说："市场前景已经这么糟了，肯定

有很多人会恐慌地卖掉股票，我得赶紧跟进买股票。"

第一层次思维的人说："媒体报道这家公司的利润下跌，得赶紧

卖出。"

而第二层次思维的人可能会说："这家公司利润的下跌已经被

市场预判并消化，后期可能会有意想不到的升值机会，所以应该买它！"

第一层次思维几乎人人都能做到，而第二层次思维则深邃而复杂。虽然他们（第二层次思维的人）做出判断未必会比前者慢多少，但在形成逆向思维的过程中他们也会问自己很多问题，比如：

如果现在投入，未来可能出现的结果有哪些？

针对市场趋势，下一步会有怎样的变化？

抛掉赌博因素，我推断正确的概率有多大？

当前第一层次思维投资者的普遍共识是什么？

我的预期与人们的共识差异大吗？

我能想到的，其他投资者是不是也能想到？

……

最后，逆向思维并不意味着盲目反对市场共识。它是一种基于深入分析和理性判断的投资策略。投资者在使用逆向思维时，应该结合自己的投资目标、风险承受能力和市场经验，做出合理的投资决策。

总之，逆向思维是一种有助于投资者在复杂多变的市场中寻找机会的策略。通过独立思考、深入分析、耐心等待，投资者可以利用逆向思维在投资道路上走得更远。

像聪明的投资者一样思考

很多学员会问："怎么做才能像那些聪明的投资者一样思考？"在很多人看来，这应该是一件特别复杂的事。其实不然，对富人来说，将复杂事简单化，以最有效率的方式加以运作，才是他们最希望达成的效果。

我曾经问过一个擅长投资的朋友："真正高明的投资者是怎样看待投资这件事的？"他想了想，回答说："在他们看来，投资就好像每天的吃饭睡觉，是一件再寻常不过的事了。因为每天都要做，所以就会很流畅，删减掉那些琐碎繁杂的内容，单刀直入，操作起来游刃有余、得心应手。"

富人不会盲目地追逐所谓的热点，而是会独立思考，估算投资的项目赚钱的概率，他们会重点找到几个较稳妥、收益风险比较高的投资项目。这种投资技巧犹如降维竞争，基本特征就是"杀鸡用牛刀""柿子专拣软的捏"。

那么，该怎么判断一个投资项目是否是那个又甜又好捏的"软柿子"呢？富人在判断投资项目的时候，主要遵循三个原则：第一看清品质，第二弄清估值，第三瞅准时机。综合起来，就只有一句话："买最便宜的好公司。"

针对这个问题，我曾经问过几位投资家朋友："有些好公司虽然不便宜，但如果成长性很好，发展空间也很大，为什么不去买呢？"他们给出的答案是："出于稳健和效率方面的考虑，预测一家公司是否真的具备高成长性实在太难了，相比之下，判断一家公司是否便宜，就容易很多。而从长期来看，便宜的好公司基本能跑赢这样的成长性公司，既然知晓了这样的规律，优先选择谁就成了一目了然的事。投资这件事，就是坚守铁律的过程，不要被绚烂的个案迷惑，按部就班、依规律办事，一般都不会错！"

接下来，我们再详细说说规则运作中所要遵循的三个原则：

第一步：看清品质。

想要了解一家公司的品质，首先要搞清楚两件事：一是，它所从事的是不是一个很赚钱的行业，此时需要秉持的思维就是"跳出公司看公司"，也就是要从整个行业的格局上来对一家公司进行全方位的测评。要衡量这个行业整体的发展前景，然后再考虑公司在行业中所处的位置。

除此之外，还需要搞清楚公司是否有相应的定价权。有定价权的公司才真正值得投资。所谓定价权，就是如果此时公司对产品进行涨价，但整体销量不会发生太大变化。这种定价权可能是来自公司的品牌美誉度、专利，或者技术实力等。同时也意味着，即便是公司短期内进行战略调整，也不会影响到投入的资金。

第二步：弄清估值。

我们需要把这家公司的市值横向地和同业公司进行比较，再纵向地和历史业绩进行比较，然后再权衡一下它现在的市值和未来可能的发展脉络，就基本可以判断出这家公司现在是被低估还是被高估，抑或处于一个合理的水平。

恐惧和贪婪往往会在人们对公司估值这件事上有所表现，恐惧的时候，就会对公司的估值偏低；贪婪的时候，就会盲目地将估值飙升。而作为一个审慎的投资者，此时宁可相信数据，也不会过分相信自己的感觉。只有将详尽的事实作为依据，做出的分析才是最靠谱、最有价值的。

第三步：瞅准时机。

算出了估值，接下来的投资进程就简单多了，我们只需要在这家公司被严重低估的时候买入，在它被高估的时候卖出就可以了。在这个过程中，我们要做的就是改变自己的预期，不要总想着精准地抄底或者逃离，而是要以更长远的眼光来看这家公司，赚钱的机会随时都有，前提是不要亏钱。我们只需要以较高的价格卖出，以低廉的价格买入，积少成多，时间自会证明我们的选择是正确的。

高效投资者的思维有时候就是这么简单，只需要把握客观规律，克服贪婪和恐惧，就可以在投资的过程中，收获可观的盈利。所以，投资不是一场博弈，而是一种技能；也不是富人的专利，而是你我都能做成的事。

第五章　财富战略：赚到第一桶金的人，
　　跟你想的有什么不一样

"穷忙族"和"富闲族"，差距到底在哪

　　生活中有的人很忙，可忙到最后还是一身负债；有的人很闲，甚至不工作，也从来不为钱发愁，始终有着充足的资金储备。于是人们把这两种人称为"穷忙族"和"富闲族"，尽管这两种人在起步时可能是同等"段位"，但后来却过着截然不同的生活。事实上，最核心的要义在于他们在对待金钱的概念和思维上存在着本质的差异。

　　现在很多年轻人，工作很勤奋，时不时地还要做一些兼职，问他们为什么那么努力赚钱，他们大多会说："不赚钱不行啊，信用卡

透支了，再还不上就要出大问题了！"

"穷忙族"在赚钱这件事上总是勤勤恳恳的，原因就在于他们控制不了欲望，总是透支消费、及时享乐，如利用银行信用卡、小额信贷和大额的房屋贷款，看上去拥有了汽车、房子、包包和奢侈品，但因此而背负的债务也是可想而知的。为了还清这些提前消费带来的债务，他们只能更努力、更辛勤地工作。而这些债务却像滚雪球一样增长，这意味着他们是在以更高的成本获得当下所拥有的短暂的快乐。

其实在"穷忙族"里，有很多是知识分子，甚至有很多是企业高管或医生，但除了更努力地赚钱、更努力地工作，他们似乎没有其他选择，因为只要工资中断，下个月的信用卡可能就还不上了。若是有一天自己真出了什么事，很可能连抵御风险的能力都没有。

"富闲族"面对财富的方式，则是截然不同的。刚开始，他们也会兢兢业业地工作，但从来没想过要成为一个透支消费者。他们会将攒下的钱，作为第一笔启动资金，进行稳健的投资，然后再用投资赚来的钱，进行消费和再投资；他们会有计划地进行资产配置，并持续地购买更多增值的资产。

起初富人也只有很少的钱，但他们却在不断地投资置换中，将资本越换越大，越换越多。他们会有豪宅、豪车，也不缺少奢侈品，这些不是透支换来的，而是他们用投资的被动收入买来的。这也就是为什么有的人在辛苦努力赚钱，而有的人却在高档餐厅欣赏音乐吃美食。富人能控制欲望，优先考虑投资，推迟享受，做长期主义者；而普通人则易被欲望掌控，优先消费享受，及时享乐，是典型的消费主义者。

有一个著名的"棉花糖实验"：20世纪六七十年代，斯坦福大学心理学家沃尔特·米歇尔（Walter Mischel）进行了著名的"棉花糖实验"，来考验孩子的耐心和意志力。米歇尔教授招募了600多名四岁的儿童参与了这个实验。研究人员把每个孩子带进一个房间，房间里有一张桌子，桌子上放着一颗棉花糖，然后告诉孩子："盘子里有一颗棉花糖，如果马上吃，只能吃一颗；如果等15分钟再吃，就会再奖励你一颗，你就可以吃到两颗。这个由你自己决定。"说完，研究人员就出去了。

房间门关上后，2/3的孩子在几秒钟内就迫不及待地把棉花糖吃了，也有的等了1分钟、5分钟，甚至13分钟，但只有1/3的孩子忍到了最后。他们会看着棉花糖，不断往后推，甚至舔上一口，或者通过唱歌、踢桌子、闭眼睛来分散自己的注意力，直到研究员回来。

这个实验最吸引人的是研究人员对这些孩子进行的几十年的追踪和研究。他们发现：

那些能够为获得更多的棉花糖坚持忍耐更长时间的小孩要比那些缺乏耐心的孩子成绩更优异，在注意力和推理能力上面的表现也更好，抗压能力更强，更少出现诸如犯罪、肥胖和吸毒等问题。

因此，心理学家提出了一个重大的发现：自控力，也就是延迟享乐的能力，是决定人生成就的一个关键因素。

以上两种截然不同的选择，成就了两种截然不同的人生。对于财富管理，我们也应该摒弃那些透支、贷款所带来的滚雪球般的隐患，并努力成为未来不再为钱发愁的"富足人士"。

用富人的思维模式去生活

很多学生问："富人的生活模式究竟是什么样的？我能不能复制？"听到这样的问题，我都会告诫他们："与其学习富人的生活模式，不如先学习他们的思维模式，以富人的思维模式去指导自己的生活，这样你就可以沿着富人的财富轨迹，一步步成为富人。"

很多人觉得富人的思维模式很复杂，是无法复制的，当真如此吗？为此我咨询了很多擅长经营财富的富人，并从中总结出了最核心的部分。

第一步：搞定中心思想，你为什么要有钱？

听到这个问题，很多人都会觉得莫名其妙，答案不是显而易见吗？但对于富人来说，这个问题却不简单，因为它首先是对自我财务状况的一个"体检"，直指的是当下最迫切、最想解决的问题。当你真正想清楚为什么要有钱时，就不会被那些不重要的事分散注意力，就像畅销书作家史蒂芬·柯维说的："内心深处有燃烧的激情，就很容易对别的事情说不。"

第二步：对你的财务目标进行预估。

虽然未来充满了诸多不确定性，但你可以对它做一个粗略的估计。很多时候，生活并不会按照预期的那样发生，然而粗略的估计，却可以让人在一边行动、一边修正的过程中不至于迷失方向。

富人在制订计划的时候，不会把一切制订得过于精密，因为太过精密，就容易牵一发而动全身，彻底颠覆掉预期。他们所做的是定出一个大概的方向，如将财富配置在几大类资产上，每类资产大概是怎样的配比，然后粗略地统计在每个阶段需要实现的目标，然后核算一下成本，看看实现这些目标需要赚到多少钱。这些目标不是一成不变的，而是随时可以做出调整的，他们会在闲暇时把这些目标罗列出来，以便更清晰地了解目标实现的情况。

第三步：搞清楚债务，区分良性债务和不良债务。

经济学里有一句名言：债务是万恶之源。不管是个人还是企业，一旦陷入债务危机，就会走在不断地为银行或债主打工的路上。世界上没有任何一分钱是免费的，所有你能够借到的钱、融到的资，都是有利息的，而且利息会越滚越多，让债务负担越来越大。甚至有的时候，过大的债务压力会让人越来越看不到希望。所以，债务有时就像毒品一样，不只是侵蚀你的肉体，还会吞没掉你的精神。

《富爸爸穷爸爸》中关于良性债务和不良债务的问题的观点是："每次欠别人钱，你都会成为那些钱的雇员。良性债务就是有人付钱给你，不良债务就是你得为别人付出血汗。"

不管是良性债务还是不良债务，你都应该将其视为一把上膛的枪，并对它充满敬畏。那些不敬畏债务力量的人通常会被其所害；那些敬畏债务力量并能驾驭它的人可以变得富有，甚至实现自己最狂野的梦想。

关于不良债务，越早消除，你就能越早掌控你的财务。建议大家可以按照下面的步骤来改善：

（1）将所有的债务都列出来，看看哪些是可以偿还的债务；

（2）选择最少的一项不良债务，一次付清；

（3）其他的债务也用相同的方法处理，持续削减不良债务，直到完全还清。

在大多数情况下，这个过程在一两个月内是无法完成的，可能需要几个月甚至几年的时间。但按照上述方法坚持偿还债务的人最终会发现，自己在几年之内就能还清不良债务，并渐渐在财务上感到轻松自由。

第四步：全方位分析支出和储蓄。

富人会通过做预算砍掉那些不必要的支出，以巩固流动性资金，积累更多的财富。为此他们会有选择地消费，并将每一笔支出记录下来，这样不但可以让开支一目了然，还能有效控制消费欲望，余下的钱尽可能地买下能增值的资产。

而在储蓄方面，富人一般会有定期的储蓄计划，并将储蓄分配到不同的钱包里，像投资钱包、保障钱包，还有梦想钱包，然后按照计划运作财富，从而在保值增值的同时源源不断地创造财富。

如果想要更多的结余或储蓄，需要做到三个关键点：

（1）利用财务报表了解自己的财务状况；

（2）自律，控制消费欲望；

（3）一个全盘计划有助于达到目的。

第五步：优化自己的投资系统。

对于投资这件事，富人首先考虑的是安全和保障，而不是像很多人想的那样，动不动就将手里的钱用于风投。在他们眼中投资和投机绝对是两码事，一个人可以用少量的钱尝试着投机，但绝对不可以倾尽所有。为此他们所秉持的原则主要有以下三条：

（1）让投资组合更加多元。这是投资的黄金法则之一。通过将资金分散投资于不同的资产类别、行业和地区，可以有效降低风险。多元化投资可以确保当某一投资表现不佳时，其他投资仍可能表现良好，从而平衡整体投资组合的风险。

（2）在低成本的投资上下功夫。投资中虽然存在很多不确定的因素，且任何一个因素都会影响到最终的收益，但有一件事是确定不变的，那就是成本，降低成本就是在增加收益，提高获利的可能性。

（3）从长期视角来做决定。投资是一场马拉松，而非短跑。长期投资能够帮助投资者抵御市场短期波动的影响，从而更有可能实现复利增长。历史数据表明，股票市场的长期趋势是向上的，因此，保持耐心，坚持长期投资，是积累财富的关键。

有了配置得当的投资，把所有要做的事情完成，接下来就可以"坐享其成"了，千万别太勤快，要懒一点。投资的有趣之处就是你做得越少，结果越好。股神巴菲特说："我们标志性的投资过程是近于懒散的良性渎职。"投资就像是种下一棵树，只要在好地方种下好树苗，静待它的成长就好。

如果只知道存钱，你就太亏了

前段时间遇见了一对老夫妇，家里明明有两套房子，完全可以过上更富裕的生活，却因为缺乏富人观念，将另一套房子空置了十几年，这么多年持有房产都没有获取收益，也算是"隐形"的损失了。

很多人在理财这件事上都持有怀疑的态度，他们觉得市面上的投资工具都不可信，即便存在赚钱的机会，对于不擅长投资理财的人来说还是少参与为好，于是他们有了钱就存入银行，不问利息，也不问时间。他们以为这就是保护财富最好的方式，可有一天突然发现，自己当年辛苦攒下的钱放到今天贬值了。

在富人眼里，过分的储蓄等同于亏损，与其让钱在银行里呼呼大睡，不如去购买能够保值增值的产品。现在经常听人感慨："早知道房价会大幅上涨，当时多交几个首付，多买几套房子，现在也能身价千万了。"另一些人则说："早知道银行存款的收益只有那么一点，当时就买入腾讯或阿里的股票，现在早就翻几倍了。"可是天下哪有后悔药。

对于我们大多数人来说，与其学习怎么努力攒钱，不如学习怎样才能够更智慧地"花钱"。富人会将花钱看成赚取更多财富的途径。富人之所以能够花钱越多反而越有钱，很大程度上就是因为他们懂得投资理财的门道。他们的购买行为并非简单的消费，而是一种理性的资产配置和增值。比如，购买名表、钻戒等奢侈品，可能成为资产增值的途径，置业、投资等行为也能够为其财富增值提供保障。因此，他们的消费行为并非单纯意义上的花钱，而是一种对资产的合理配置和运作。

可以看到，富人和普通人在花钱行为上的差异实际上是不同的财务意识和理财能力的体现。富人通过理性的资产配置和投资增值，实现了财富的持续积累；而普通人则往往因为缺乏理性的财务规划和投资意识，导致金钱的消耗并未带来财富的增长。在日常生活中，我们应该注重培养理性的消费观念和理财意识，从而实现财富的持续增值和个人价值的提升。只有这样，我们才能够摆脱消费的陷阱，走上财富增长之路。

选择制胜，藏在富人圈里的概率算法

很多人会说："感觉富人做什么事情都如有神助，在投资中总有好运相伴。为什么幸运之神总是青睐富人，而不是我呢？"这在富人圈里，不过是一套概率算法。这背后其实是普通人和富人的区别：是否具备概率思维。富人的概率思维就是，每次选择时会先计算成功的概率，再根据自身情况做出选择。

在富人看来，准确的信息可以分成两种：一种是"精准"，另一种是"确切"。而想要更好地运用"概率思维"解决问题，首先要做的就是尽可能多地收集相关的历史数据，并通过对历史数据的分析，发现一些相对确定的规律。

需要注意的是，面对五花八门的数据，人们有时只会关注其中某些数据，而忽略与之关联的其他数据，这种情况被称为"认知偏差"。而常见的认知偏差主要有证实偏差和幸存者偏差两种。

证实偏差是指我们往往更关注支持个人观点的数据，忽略与个人观点冲突的数据。

幸存者偏差是指我们收集数据时往往只注意那些很少数的"幸存者"。

要想在解决问题的过程中避免认知偏差，在收集历史数据的时候就必须更客观、更全面，力求能够反映真实的情况。

一个独具慧眼的投资家曾道："人在掌握全面数据以后的下一步就是开始'过筛子'，熟练的投资者会依靠直觉做事，因为他的直觉本身就是一系列数据的排列组合。因为遇到过很多类似的问题，这样的反应往往是快速而准确的，以至于他仅仅依靠本能就能产生很好的效果，就像是乒乓球运动员凭直觉回球一样。而这时候最该采取的行动只有两个字，那就是：'相信'。"

"那这样的直觉一般人能具备吗？"我下意识地问道。

"那还是免了吧，在不熟悉的领域相信直觉，这不是在投资，而是在赌博。"

"那一般人就没有行之有效的方法了吗？"我继续问道。

"有啊，把那些重要的信息一遍遍地筛出来，再用这些筛出来的数据进行判断。这个过程需要持续数年，虽然有些烦琐，但如果真的想获得收益，这样的选择是完全值得的。"

在富人看来，与其用各种想当然的常识指导未来，不如把历史当作数据库，从中总结规律、发掘真相。对他们来说，无论是投资还是生活，都可以运用"概率思维"。而你所要做的，就是坚定不移地按照最优解来制定行动策略，看淡那些短期波动带来的影响，这样就可以走上一条持续变富的康庄大道。

对于概率，股神巴菲特的思路是："用亏损的概率乘以可能亏损的金额，再用盈利的概率乘以可能盈利的金额，最后用盈利的结果减去亏损的，这就是我们一直采取的办法。"具体来说，巴菲特的方法涉及对投资结果的两种可能性的考量：盈利和亏损。他通过计算每种结果发生的概率以及对应的金额，来评估投资的预期收益。例如，如果一个投资机会有 90% 的可能赚 3 美元，同时有 10% 的可能亏 9 美元，那么，这个投资的预期收益是 1.80 美元。

这种思维方式强调了在投资决策中不仅要考虑每个选项正确的概率，还要考虑错误的概率。通过计算期望值，投资者可以更理性地评估投资的风险和收益，从而做出更明智的决策。

下篇
认知变现：卖力、借力还是实力

第六章　平台效应：资本优势组合拳，平台决定成败

平台制高点，在人多钱多的地方绘就星光大道

常言说得好，想成为什么样的人，就要和什么样的人在一起。我也曾经就这个问题问过一个富人朋友，而他给我的回答也很犀利："这个世界的一切都跟你的价值是成正比的，抛开你想要多少钱这件事不谈，想要成功，你得先看看自己究竟值多少钱？"为此他给我列出了一个思路清晰的超级公式，来核算一个人在市场上的价值。

他说："若是一个人真的有远大的目标，他就应该像管理企业一样管理人生。而经营自身价值，也应该像经营企业一样，有一个真

正的价值核算公式，唯有明确自己的价值，才能知道怎样更好地提升价值。当你与更有价值的人和事物相匹配时，成功的胜算必然就更高。原因显而易见，那就是你比他们更值钱。"

他提供的公式是这样的：

企业现在的价值（PV）＝企业所能创造的未来现金流量的平均值（CF）÷折现率（R）

其中的现金流量说的是，企业的现金流入减去现金流出剩下的金额，我们可以把它看作是企业的利润。而折现率衡量的是货币的时间价值，有了它，我们才能把未来的现金流折算到现在，从而得出它现在的真实价值。

这个朋友还说："这个公式向我们揭示的道理就是，决定一家企业当下真实价值的，并不是它现在的资产数量，而是它将来能够创造出来的现金流量。而这个道理，对于我们每个人计算自身价值也同样适用。换句话说，决定一个人当前价值的，不是他现在拥有什么，而在于他将来能创造什么。"因此，我们便可以将企业的价值核算公式进行改良，转化成核算自己当下价值的公式。那就是：

现在的价值（PV）＝未来现金流量的平均值（CF）÷折现率（R）

如果你想让自己现在的价值尽可能地变大，面前就只有两条路：一个是增大分子；另一个是减小分母。

先来看看分子，它代表的是未来现金流量的平均值。要做的事情显而易见，就是提升自己未来的现金流量，其中的两个关键词，就是"现金流"和"未来"。

很多人觉得现金流，就是每个月到手的工资，事实上这种理解是错误的，并不是你拿到的薪水高就有价值，而是你自己有价值，薪水才高。而公式中的现金流量，就是你能给公司和平台带来的现金流，计算的方法就是用现金的流入减去现金的流出，也就是你为公司创造的真实收入，减去公司在你身上投入的资金成本，而工资仅仅是其中一部分。从这个角度来说，你在职场中最安全的生存之道就是，让你的实力配得上你拿到的薪水。

这时候有人可能会说："我在公司干得再好，也无非是被利用，赚再多的钱也会被公司拿走大部分。"但从富人的角度来看，有这样的想法就说明你的格局小了。很多时候站在一个好职业的角度来看，不是公司和平台在利用你，而是你在潜移默化地利用公司和平台。

让我们先把公司想象成一个神秘的百宝箱，里面装着很多现成的工具，比如技术、经验、手艺、设备、人脉、平台影响力等。对于我们而言，这些都是弥足珍贵的，若是想凭一己之力把这些全都实现几乎不可能，但只要我们进入了一家不错的公司，找到了一个不错的平台，就可以"免费"地运用这些珍贵的工具，以公司和平台作为依托，促进自己不断成长，这时候我们跟公司和平台之间就不是利用关系，而是双赢关系。

所以，对于一个拥有富人思维的人，他关心的不是自己每个月的工资，而是公司和平台拥有怎样的资源，会跟怎样的人在一起共事，未来能创造的现金流价值是多少。聪明的人会利用公司和平台的资源，为自己创造更多增值的机会，会利用百宝箱里的工具磨炼自己，会不断地钻研、尝试，在完成工作的同时，让自己变得更好。人生若没有实践，就永远接近不了梦想，这是一个体验的过程，也是一个不断升华的机会。

具备富人思维，如何经营梦想

曾经有一个学员说："虽然梦想这件事不能用金钱来衡量，但若是没有金钱作依托，梦想可能也就不是梦想了。"很多人把梦想看成自己一生的目标，并十分关注目标和结果，但富人更崇尚的是实现目标过程中的体验。当我们冲破各种考验，在人生的各个阶段取得骄人成绩，当我们为了实现某个目标，把自己变成最完美的样子时，这本身就是梦想赋予一个人最真实的回报。

那么，我们究竟应该怎样构建和经营梦想，实现目标呢？从职业角度来说，我们必须实现以下两方面的成长：

第一，思维上的成长。

从富人的角度来说，职场中遇到的所有人都是自己的贵人，这不仅仅局限于购买企业产品的客户，还包括公司上下游的合作伙伴，一起工作的同事、上司等。我们不仅需要在与他们工作、合作的过程中去实践、取经，学到更多东西，还需要学会站在每一个人的角度思考问题，同时总结出富人的思维。

所以，同样是做一件小事，具备富人思维的人总会是将其做得尽可能精致、尽可能完美，因为他们的关注点不在于任务，而在于自己可以从中学到的东西。具备富人思维的人，总能比其他人赢得更多的机会，一步步走向成功，这就是思维上的成长。这种思维是一种积极向上的心态和认知模式，它使人们能够更好地适应变化、应对挑战，从而成为一个更优秀和成功的人。

第二，见识上的成长。

很多人在上班时往往只盯着自己的"一亩三分地"，很少关注本职工作之外的事，而富人在工作中最希望得到的，就是可以俯瞰全公司整体业务的规划图。

这时有人可能要问："规划图上究竟有什么？富人会从中读到哪些信息？"站在他们的角度思考，很可能是：

（1）我在公司中的定位是什么？

（2）我与公司之间的"价值链"是什么？公司的产品和服务的步骤是什么？

（3）公司在行业中处在什么位置？对手有哪些，他们的优势、劣势都有哪些？而我从中能获得怎样的发展机会？

（4）我该怎样看待别人对我的预期，从而获得更多的助力和资源？

前面我们说过，计算当下真实价值的公式是：现在的价值（PV）＝未来现金流量的平均值（CF）÷折现率（R）。从公式上来看，即便我们创造现金流的能力很强，如果折现率过大，那整体的价值也不会很高。

而折现率＝风险－增长率，也就是说现金流量风险越低，折现率也将会越低。因此，我们必须先看清人生的两个关键变量，那就是风险和增长率。

从增长率方面来看，即便一个人过去的现金流量很不稳定，风险比较高，但只要趋势是不断上升的，那么他的增长率也会跟着上升。而与此同时，相应的折现率也会跟着下降。

很多富人认为，如果想要持续而稳定地创造现金流量，就必须从长远发展的角度看待问题，不能只顾眼前利益，要拥有长期主义的思维方式。他们不会追求短期的利益，而是注重长期的规划和积累。他们会耐心地等待机会，并在机会来临时果断出手。同时，他们也会注重风险控制，不会盲目追求高收益而忽略风险。

财富的积累需要时间和努力，也需要长期的规划和投资。只有秉持长期主义的思维方式，注重积累和投资，才能获得真正的财务自由。秉持长期主义的富人的成功经验，有以下几点值得借鉴：

（1）要有耐心和恒心。长期主义强调的是长期规划和积累，需要有耐心和恒心。我们在追求自己的梦想和目标时，也要有此二心，不能急于求成，要坚持不懈地努力。

（2）要注重积累和投资。我们可以通过储蓄、投资等方式，实现财富的积累和增值。

（3）要不断学习和提升自己。长期主义强调不断地学习和提升自己，以适应不断变化的环境和市场。

（4）要勇于创新和探索。长期主义强调不断地创新和探索，以适应不断变化的市场和环境。

（5）要注重风险控制。长期主义强调风险控制，避免盲目冒险和投机。

总之，普通人要想实现财务自由，需要转变自己的财富观念，注重长期规划和投资，同时注重风险控制。

别让眼界限制了你的思维

年轻的时候听过这样一个故事，说有两个人在站台上交换了火车票，离开这座城市的人说："这里什么都没有，简直无法活下去。"而来到这座城市的人，却惊喜地发现："这座城市太可爱了，到处都有机会。"10 年后，离开这座城市的人还是普通人，而来到这座城市的人已经成了千万富翁。

畅销书《发现真爱》中这样写道：

"你是上帝的孩子，你的小心翼翼挽救不了这个世界。故意地缩小自己，为了让周围人不会感到不自在，这样的付出是没有任何价值的。我们都必须选择闪亮，像孩提时候一样闪亮。你要相信自己生下来就是为了彰显上帝内在的荣光，它不仅仅属于少数人，而是属于我们每个人。当我们开始在那里闪闪发亮的时候，我们也就不知不觉地允许了别人的光芒。一旦我们从自我的恐惧中解放出来，别人也会自然而然地因我们的解放得到释怀……"

对于普通人来说，人生中充满了消沉和抱怨，以至于总觉得内在的压抑无法让自己全身心地融入创造和梦想；而对于富人来说，生命中的任何遇见都被赋予了惊喜和礼物，不管是风险，还是压力，都可以让自己变得更加出色，同时不断地积累财富，成就精彩的人生。

很多时候，富人不会计较眼前的薪水，也不会计较这段时间里经历了怎样的劳顿，他们只是希望学到更多的东西，然后将其融入工作和生活，直到完全掌握。

说到这儿，我突然想起《富爸爸穷爸爸》的作者罗伯特的一段真实经历：

在一次新书见面会上，罗伯特正在给到访的读者签名，这时来了一位女士，很认真地递上书籍，随后问了他这样一个问题："先生，我已经读完你的书了，觉得写得非常好，但我现在需要一个更具体点的建议，我目前是英语文学博士，在大学里深造，现在离婚了，带着两个孩子，财务问题很紧张，银行马上要收回我的房子，为了孩子我也一定要努力一把，否则就只能带着他们露宿街头了。请问现在的我，该怎样改善自己的财务状况呢？"罗伯特听完，想了想说："这样啊，那你现在先去找一份销售的工作，卖什么都行，越接地气越好。"

话还没说完，那位女士就已经气炸了："你说什么，我一个有博士学位的人，在文学领域有那么深的造诣，你让我去当销售，为什么要这样侮辱我呢？"罗伯特赶紧解释说："我的意思是让你在销售工作中学会更好地包装自己，更好地把自己推销出去，你现在已经有了更好的文凭，已经超过了很多人，再在这个领域深耕没有意义，你现在最需要的是学会推销自己。我要是你，就白天去做销售，晚上坚持写作，最后通过卖自己的作品赚钱，用不了多久就会摆脱困境。"

最终，这位女士还是没有听进去，向罗伯特表示自己是做文学的，才不要去干销售的工作。罗伯特一看没办法，就指着自己的书对她说："你看这本书上我的称谓是什么？"女士说："畅销书作家。"罗伯特说："对啊，我就是一个畅销书作家，距离诺贝尔文学奖还有很远的距离，或者说根本不是一个档次。但如你所见，我这样的书也能帮到很多人，还能赚很多钱，现在你知道该怎么办了吗？"

其实，职业与职业之间有着微妙的连接，可当一个人在某一个领域待的时间太久时，就可能失去创造力，只会用一种思维思考问题，从而丧失了更为广阔的空间和可能。他们时常被自己的认知所局限，总觉得眼前的世界充满阻碍，却从来没有想过用另外一种思维去解决问题。最终，问题仍然是问题，自己的工作和生活也没有任何改变。而事实上，若我们能尝试着以另外一种角度去看待问题，说不定心中诸多的难题就会迎刃而解。

有这样一个说法：当你从 3 层楼往下看时，看到的是楼下有的东西；而你站在 30 层楼往下看，楼下有的东西早已看不到，看到的是无边的风景。一个人只有站得更高，才能看得更远，不为眼前的困境遮蔽双眼，不为一时的情绪所困扰，才能冷静下来寻求破局之道。那些破局能力强的人，往往都是具有大格局的人，他们有真本事，善于思考，关键时候总能想出办法来渡过难关。

《菜根谭》中有这样一句话："登高使人心旷，临流使人意远；读书于雨雪之夜，使人神清；舒啸于丘阜之巅，使人兴迈。"意思是：登上高山远眺，就会让人心旷神怡；面对流水凝视，就会让人意境悠远。在雨雪之夜读书，就会让人感到神清气爽；爬上小山舒气长啸，就会让人意兴豪迈。

登高会让人胸襟开阔，满眼都是风景，这是前所未有的心旷神怡，会更容易看见自己的内心，从而有不同的心境和收获。

除了物理角度的高之外，更重要的是心理角度的高，这样才可以看清人生。虽然这个世界每天都在产生问题，但是也从来不缺解决问题的方法。许多人总觉得无路可走，但在富人的眼中"条条大路通罗马"。这样的思维帮助他们勇敢地面对人生中任何一种遇见，并收获财富，在规避一系列风险的同时，一步步登上财富的高塔，成为令人羡慕的成功人士。

了不起的"护城河效应"

财务自由的人生需要护城河般的收入保障，同样企业也需要护城河作为保障，而且从某种意义上说，它是对投资者最好的保障。

为什么说有护城河的企业更有投资价值呢？想搞清楚这件事，首先需要搞清楚企业的护城河是什么。所谓护城河，是企业的竞争力优势，为此我们可以从以下两方面来理解：

第一，是一种长期优势，能够持续性地帮助企业创造价值，而且其他的竞争者很难与之抗衡。

第二，这种优势可能是多方面的，比如具有先天的地理位置和自然形成的优势，或是一些当下正处于时代风口的产品；也可能是长期积累的，比如超大规模的运营网络，或是知识产权专利，或是某种特许经营资质。这些护城河对于企业的保障作用非常大，它能在企业遇到困境的时候，有效地保证企业的安全，同时帮助企业以最快的速度摆脱困难，走出困境。

可口可乐所拥有的强大品牌，以及广阔的销售渠道为其带来的就是护城河效应。21世纪初，可口可乐推出了一款新型饮料C2，也就是所谓的零度可乐的前身。C2跟传统可乐口感没有什么区别，但是热量少了一半，按理说这款饮料要比普通可乐更健康，但是市场销量并不乐观。原因是当时消费者的偏好已经不再是碳酸饮料，而是果汁这样的非碳酸饮料。因此，可口可乐受到了冲击，但公司迅速推出了瓶装营养水，并依靠可口可乐的品牌和渠道，快速地摆脱了困境。这就是其企业内核中无可替代的优势，也是其护城河所起到的作用。

护城河效应指的是企业通过构建和利用各种竞争优势，形成的一种类似于古代护城河的防御机制，以抵御外部竞争者的入侵，保护企业的市场地位和利润。这种效应强调的是企业的长期竞争优势，而不是短期的增长速度。

富人从一开始投资就对企业的护城河格外看重，并对护城河的真假有着精准的辨别能力。从富人的视角来说，所谓好产品、高市场份额都不是真正的护城河，企业的护城河是由多种因素构成的，包括无形资产、转换成本、网络效应、成本优势、规模效应等，这些因素共同作用，使得企业在市场竞争中处于有利位置，并能够持续赚取高额利润。

第一，无形资产。

无形资产并不具有实物形态，主要表现为某种技术专利和法定权利，如专利、商标、土地使用权等，这些资产能够彰显企业的品牌价值，为其提供强势的定价权，形成独特的竞争优势。

第二，转换成本。

一旦客户选择使用某企业的产品或服务，转换到其他竞争对手的产品时需要付出较高的成本，这就构成了企业的护城河。转换成本不仅包括经济成本，还包括时间成本、便利性成本等多项重要成本。

在不同行业中，转换成本也是千差万别的。在日常消费品行业，比如牙膏、服装等，转换成本就比较低，但对于银行业、软件业来说，客户的转换成本就高多了，一般选择了就不会轻易地变动，因此其在运营上，也会更稳定。由此可见，客户的转换成本越高，企业的护城河就越宽，投资者在护城河保障下的投资也就更加安全。

第三，网络效应。

如果一个企业提供的产品或服务，会随着用户的增加而增加，那就可以说这家企业正受益于网络效应。用户数量越多，企业的产品或服务价值就越高，这种效应能够帮助企业吸引更多用户，形成良性循环。建立在网络效应上的企业更容易占据行业龙头地位，也就能让企业获得更强大的竞争优势。庞大的网络效应通常需要经营多年才能形成，而一家企业一旦形成了网络效应，竞争对手就很难超越。越是难以超越，企业的利润就越趋于稳定，投资人又怎能不赚钱呢？

第四，成本优势。

这里所说的成本优势，指的就是通过优化流程、地理位置选择等手段降低生产成本，使企业在价格竞争中占据优势。这主要包括三个层面，分别是流程优势、地理位置优势和资源优势。沃尔玛靠流程优势取胜，茅台靠地理位置优势取胜。

第五，规模效应。

随着生产规模的扩大，企业的单位成本会降低，将能够更好地应对市场变化和竞争对手的挑战。规模效应其实是成本优势的一种，这也是最常见的"护城河"。

从富人的视角来看，无形资产、转换成本、网络效应、成本优势、规模效应都是形成护城河的重要因素，只需拥有其中的一个，便具有一定的可持续性，可以给企业带来保障。

股市：勇敢者的游戏

曾经有学员跟我抱怨："田老师，股市给我的感觉就像个大赌场，如果想试试手气可以进去玩玩，若是把它当成一项重要的投资，真的适合吗？"于是我就问他："你对股票的定义是什么呢？"他说："股票不就是企业发行的现金流工具吗？涨涨跌跌，看着就觉得吓人。"我摇摇头说："你还是不懂股票，买股票不是买数字，而是在买公司，你要像一个企业经营者一样看待你所要购买的公司，然后观察它的运营状况和管理细节，以及一切可能对它的经营产生影响的信息。"

很多人觉得股市是一个"吸钱不吐钱"的地方，辛苦赚来的钱，到了里面就会化为泡影，原因就在于他们所持有的公司根本就不了解，不了解它的运作思路，也不了解它的经营战略，甚至不知道这家公司所身处的行业性质和位置。这样一问三不知地就把钱交出去，即便有一个想赚钱的愿景，也多半是赚不到钱的。

在富人看来，股市是购买有效资本的最佳平台，他们可以购买很多好公司的股份，并通过这些公司为自己创造红利。在他们看来，买股票除了要掌握相应的技能，最重要的是一定要拥有精准的眼光。唯有买到那些有发展潜力的好公司，才能更好地获取回报和资本。

既然说买股票就是买好公司，那么什么样的公司才是好公司呢？好公司大致分为三种：快速增长型、困境反转型和隐蔽资产型。

第一，快速增长型公司。

这样的公司往往刚成立不久，规模小，成长性好，年平均增长率为 20% ~ 25%。如果这时你能够在其中选出具有发展潜力的好公司，就有可能找到在未来上涨几倍甚至几十倍的大牛股。

想要找到这样有潜力的公司，首先就要看它是不是具有可复制性，能不能快速复制到其他城市。例如，百货业的沃尔玛公司以及服装零售业的 Gap 公司，它们是如何脱颖而出的呢？彼得·林奇认为，它们通过不断复制，掌握迅速成长的经验：在一个地方取得成功之后，很快就会将成功的经验一次又一次进行复制，不断向其他地区扩张。随着公司不断开拓新市场，盈利加速增长，于是推动了股价急剧上涨。

第二，困境反转型公司。

困境反转型公司是那种已经受到严重打击的公司，虽然看起来状态很不好，但一旦度过危机，其股价往往会非常迅速地回升。

第三，隐蔽资产型公司。

隐蔽资产型公司是指任何一家拥有你注意到了而其他人没有注意到其价值，且此价值非同一般的公司。这样的公司多半具有丰厚的隐蔽型资产，比如有些企业虽然是做吸管的，产品没有什么独特性，却是几乎半个地球的供应源头，这样的公司虽然看起来市值不大，甚至鲜少受人关注，但在股市上的表现则非常稳健。

不过，要抓住这种机会需要对拥有隐蔽资产的公司有实际的了解，而一旦清楚了解了公司隐蔽资产的真正价值，需要做的就是耐心等待。

股市中可投资的公司那么多，究竟有没有一个确切的标准呢？当然，标准是相当明确的：

（1）不去购买那些热门行业的热门股票。这些股票的关注度过高，已经经历了市场的炒作，价值已明显偏高，再投资就没有多大意义了。

（2）公司的战略一定要容易理解，并且能在市场环境恶劣的情况下生存。一旦自己看不懂，就不要贸然行动。

（3）不能只看公司的财务报表，公司内外部非财务因素都要考虑到。要像企业家一样认真细致地研究公司、行业和国家的动向。

（4）认真观察公司是否具备"护城河效应"，而且要仔细评价其保障维度够不够宽广。这是公司的行业壁垒，也是保障投资利益的关键。

曾经有个富人朋友说："股市投资从来都不是什么投机行动，明白什么不该做比知道什么该做更重要。"这是一个不断学习的过程，也是一个优化思维的过程，唯有真正地了解公司，选出值得投资的好公司，才能在这场游戏中赢得胜利、收获财富！

第七章　投资观念：目标驱动力，像聪明的富人一样思考

藏在富人"开源""节流"里的艺术

"富人是怎样开源节流的？"很多富人给出的答案是："攒下一切不该花的钱，再在购买有效资产这件事上贪婪地'花钱'。"很多富人都觉得将钱储存在银行是一件特别有风险的事，与其这样节流，不如取出大部分钱，然后利用投资理财工具，实现钱生钱、利滚利。

为此，我曾经访问过一个特别会理财的富人朋友，他给出的答案更为详细，也更富有操作性，他说："人这辈子有三个钱包，一个是消费钱包，这里面存储的是你必须花出去的钱；一个是投机钱包，

是以小搏大，但随时可能赔光，为撞大运买单的钱；还有一个是用钱买未来，购买有效资产，并长期持有，帮助你赚到更多钱的投资钱包。"对于擅长投资理财的人来说，一定要多多使用投资钱包，适度使用消费钱包，尽可能避免使用投机钱包。

你使用的是哪一个钱包，不仅是关于你用它买到了什么东西，还在于你买到了怎样的价值。用消费钱包买的东西是否物有所值，取决于它带给你的满足程度；投资钱包中的钱花得值不值，取决于它将来能否创造出更多价值；而投机钱包用得对不对，取决于这样东西的稀缺性。

你花出去的每一分钱，到底是用于消费、投资还是投机，决定了它产生的价值在哪里。同样是上课交学费，如果是为了打发时间、出于兴趣爱好，那就在消费钱包里；如果是职业需求，能带来工作上更多的回报，就在投资钱包里。

有些时候，花钱对普通人来说就是一种消费行为，但对富人来说是购买资产的投资行为。二者之间最重要的衡量标准就是，你买到的是不是比你以前持有的货币更值钱、更具有升值潜力的东西。

我接着问："怎么做才能买到更值钱、更具有升值潜力的资产呢？"

　　"其实很简单，"朋友说道，"如果你投入的钱，能够在未来获得增值，即便是当下的投入很高，那也是值得的。但若你的投入仅仅是为了满足消费的需要，那这样的投入就不带有升值价值，保持适度就好了。"

　　"从这个角度来说，如果我想在未来依靠一个新技能赚更多的钱，即便是学习这项技能的成本很高也应该去投入吗？"我问道。

　　"那要看这项技能在未来究竟能够给你创造多大的价值，如果未来它一个月给你创造的财富是10万块，而你现在学习它的成本也是10万，那毫无疑问，投入当然是值得的。但如果它带给你的只是一个月3000块，而需要你投入的是10万块，这时候就要慎重考虑一下花这笔钱到底值不值，究竟有没有更好的选择了。"

　　"按你这么说，如果把钱放在家里不投资，那一定是最不理想的选择了？"我反问道。"那不是选择，那是亏损，是一种让财富自我贬值的行为。"朋友说道，"想要降低损失最好的办法，就是通过投资换取更多的收益，再用这些收益去购买更多具有升值潜力的资产。只有这样才能让手里的钱更值钱，并实现'越花钱、越有钱'。当然这里还要考虑你投资这笔资产所要花费的时间成本。"

　　"人生短短几十年，总会有一些特别想做的事情，若是没有实现，肯定是一种遗憾。这个过程是消费的过程，也是一种用钱购买体验的过程，但并不代表它就不能升值了。"朋友说道，"现在有很多富人，一边旅行，一边拍生活、拍视频，制作旅途短视频，一趟旅行回来，观看量、点赞量暴涨，不但自己成了网络红人，后续还能直播带货，可谓是赚得盆满钵满。这样的消费行为，不但提升了生活体验，而且赚到了钱。"

举个例子，这个世界上很多人都没有住过迪拜的帆船酒店，但有人就通过这样的高品质消费，拍视频、发视频，从而获得了流量的红利。而你所要学习的就是如何经营好这个视频账号，优化营销策略，并通过平台推送的流量制定出切实可行的方案。

"那么，对于投资有没有什么规避风险的措施呢？"我问。

他回答道："我就遵循两种策略：一个是组合投资策略；另一个是期权投资策略。组合投资策略，就是我们常说的分散投资，不要把鸡蛋放在同一个篮子里。而期权投资就是从时间上分散风险，说的是在规定的时间内，有效地购买某种交易的权利。这两种策略可以运用在很多方面，并通过空间和时间对风险进行有效的对冲。"

在富人"开源""节流"的概念中，会花钱是最好的开源，花好钱是最好的节流，富人在乎的是金钱的流动性，唯有让钱流动起来，才能创造价值。钱有两个用途，不是消费就是投资。消费不可再生，而投资则会产生更多钱，产生更多钱的办法是在蓄水池上多接一个出水口，让出口的水流向另一个蓄水池（能产生现金流的资产），蓄水池的水越多就越要将出水口加大，使水流向更大的蓄水池（更好的资产）。

注意！"投资"和"投机"是两码事

曾经有一个富人朋友开玩笑地说："一般人去赌场和一个掌握运算能力的数学天才去赌场是两个概念，前者是想要赢钱，而后者就是为了赢钱，'投机'和'投资'从一开始就是截然有异的！"

举个例子，你买了一套房子用来出租，定期有租金到账；你购买了比较理想的股票，股票升值了，你不仅获得了持有的股息还有买卖的差价；你花了很多钱培养写作能力、营销技能，写出了销量百万的畅销书，获得了可观的版税收入，同时也打通了相关课程的销售渠道，建立了个人品牌。这些都是投资中的升值效应，在不赔钱的基础上，不断地提升价值，最终实现财务自由就不再是一个梦。

尽管相比于购买彩票中大奖的赌徒来说，这种积累财富的方式很慢，但由于其价值资产稳定安全，可以持续不断地增值，所以其抗风险的能力，以及升值的走势都是可控的。

一个在职业足球队当前锋的朋友说，年轻的时候，根本不知道什么叫作投资。小时候练球很辛苦，而家里的经济状况也是紧紧巴巴的。后来二十多岁被选入职业足球队，因为表现出色成了前锋，一路过关斩将，很快就在业内小有名气。出场费也一路飙升，一切看起来好像都顺风顺水。直到有一次，他在踢球的过程中，腿部扭伤，让他意识到，一旦有一天自己在赛场上发生了更严重的状况，丰厚的报酬和职业生涯都将化为乌有。

那么，该怎么办呢？他想了想，最终做出了一个人生中最重要的决定，那就是要想方设法保护资产、增值资产。于是他找了很多投资理财领域的专家咨询，经常和他们聊天，分析自己的财富目标和增值需求。

在这个过程中，他学到了很多关于投资理财的知识，也开始对如何有效管理资产有了更深入的了解，最终他选定了一位很有经验且对自己的需求表示赞同的理财顾问，并在他的精心运作下，逐步走上了资产增值的道路。

在那之后，他在职业联赛上先后受过五次伤，最严重的一次让他彻底告别了足球生涯，转而成了一名足球教练。尽管薪资不可同日而语，但因为之前他处富知贫，居安思危，提早进行资产管理，现在的他依然过着相当富足的生活，生活品质非但没有受到影响，反倒比以前还要好些。如今他已基本实现财务自由，而对于现在的工作，他坦言真的是为了兴趣，早已没有了为生计打工的那份艰辛。

说完了投资的例子，再让我们看看历史上那些挫败感十足的投机行为。比如昔日风靡一时的虚拟货币，让不少人交了智商税以后，渐渐淡出大众视野；还有一些带有赌博性质的投机产品，因风险太高，在经济下行周期纷纷"爆雷"，一夜之间让投资人血本无归，教训不可谓不深刻。

针对虚拟货币这类所谓的"投机"，著名投资家查理·芒格言辞相当激烈，他说："比特币纯粹是反社会的东西，很多人对加密货币顶礼膜拜。但他们崇拜的不过是一种在敲诈、绑架、逃税等方面很有用处的东西。我希望政府立即禁止加密货币。"

表7-1　投资与投机的区别

	投资	投机
时间	长期	短期

续表

	投资	投机
标的	大概率胜出	小概率胜出
胜率	较高、稳定	较低、难预测
赔率	短时间较低，长时间高	短时间较高，长时间未必
风险	较低	较高

投资者认为，"买股票＝买公司"，只在价格低于股票内在价值时才入手，价格围绕价值上下波动。也就是说，投资者在买入的时候，就知道自己能赢并且大致能赢多少。

投机者，追涨杀跌，赚的是市场情绪和价格短期波动的钱，输赢全靠天命，一夜暴富一次成功，不代表次次成功。

很多人说，管他投资还是投机，能赚钱就是成功。但就像谚语说的那样："持着火把走过弹药库，哪怕最后毫发无损，也不能证明你不是傻子。"投资者赚的是两种钱，一种是公司内在价值增长的钱，另一种是市场情绪的钱。但最主要的收益源于第一种，第二种只是意外之喜。投资者的成功，在买入的那一刻，其实就已经决定了。投资者买在无人问津处，卖在人声鼎沸时。

投资是一门囊括多方面知识，在掌握多元化思维模式、市场周期和规律的前提下，提炼出来的、可操作的财商技能，而投机则是一种将钱撒向不可控市场，把一切交给运气的赌博行为，这两者之间有着天壤之别。唯有透彻地了解投资和投机之间的差异，我们才能把注意力更多地放在那些能带来稳定收益的投资上，并摒弃一夜暴富的投机心理，让投资稳稳升值，自己慢慢变富。

被缩短到极致的财富积累周期

著名投资家瑞·达利欧认为，这个世界上只有四种情况能够推动资产价格变化，分别是通货膨胀、通货紧缩、经济增长率提高、经济增长率降低。这四种情况代表了四种不同的经济环境，也被称为四个投资季节，虽然每个季节都会有表现好的资产种类，也会有表现不好的资产种类，但都是有规律可循的。

从宏观经济角度来说，出现繁荣、萧条、衰退、复苏四个不同的阶段，然后一组组循环反复地发生，每循环反复一次，就被视为是一个周期。

简单来说，周期就是经济活动的波动和变化。就像四季更替一样，经济也有它的"春夏秋冬"。在"春天"，经济开始复苏，就像大地回暖，万物复苏；到了"夏天"，经济达到顶峰，一切都热火朝天；然后进入"秋天"，经济开始降温，增速逐渐放缓；最后到了"冬天"，经济可能陷入低谷，就像寒冷的冬天一样。

关于周期变化，富人认为有两个类别：一个是纯自然规律下形成的周期；另一个是因人类行为导致的周期。就投资来说，周期中大部分的变化是因人为参与所导致的。

尽管周期确实存在，但想要把握并不容易，原因就在于人类的情绪是多变的、难以预测的，但这并不代表我们不能对其中的规律加以观察和利用。

那么，怎样利用周期才能更有效率地实现财富增值呢？我们可以从以下三种重要的周期入手：

第一，信贷周期。

信贷周期是经济社会中最重要、影响最深远的表现形式。它就好比是一个社会的水源，水的多少关系着经济的活跃程度。简单表述就是：

"经济好的时候，大家都想借钱，银行也愿意放更多的贷款，所以贷款越来越多。钱多了，经济就越来越好！但是有些人借钱太随意，不仔细计算成本收益就乱借，信贷周期走到这一步，基本就达到了顶点，接下来，很多人还不起贷款、资金链断裂，银行一看情况不妙，马上就收紧贷款，提高贷款要求和门槛，从而导致贷款变少。贷款少了，钱就少了，这样一来，经济就会向下，经济越不好，借钱越难，这个过程就像一连串的'多米诺骨牌'，一个倒了，其他也都跟着倒，如此循环往复……"

第二，情绪周期。

情绪有些时候就像钟摆一样，而这种情绪的摆动会在投资策略中有所显现。当大众情绪乐观的时候，投资者愿意承担更多的风险，因为他们坚信现在的投入能创造更多的收益。当大众情绪悲观的时候，投资者则不愿意承担风险，因为这个时候他们的恐惧超过了赚大钱的欲望。

大众的情绪周期很大程度上决定了他们的投资收益，而情绪周期的变化，很容易导致他们犯下两个致命的错误，一个是"过错"，另一个是"错过"。这意味着他们可能会在错误的时间购买错误的资产，导致购买以后的直接亏损或是错过了投资的最佳时机，一错再错，最终很难跳出这样的循环……

而深谙此道的富人则会利用大众情绪的周期反应，反其道而行之，在大众贪婪的时候谨慎，在大众谨慎的时候贪婪。

这呼应了著名投资大师巴菲特说过的：在别人贪婪的时候，我恐惧；在别人恐惧的时候，我贪婪。对很多人来说，金融危机是噩梦，但对巴菲特来说，金融危机却是他投资的商机。他在金融危机期间投资了一些绩优股公司，5 年之后，他的投资为他赚得了 100 亿美元，这些收益全部来自他在金融危机期间所做的救助性质的投资活动：对玛氏糖果旗下箭牌公司 65 亿美元的投资，获利 38 亿美元；对高盛集团 50 亿美元的投资，获利 17.5 亿美元；对通用电气 30 亿美元的注资，获利 12 亿美元……

第三，成败周期。

投资中的成败周期通常为 3 至 5 年。这一周期的设定是基于巴菲特的观点，他认为衡量投资的成败需要经历 1.5 个周期，即经历一个"牛市—熊市—牛市"或"熊市—牛市—熊市"的完整循环，以判断投资是否绝对盈利、跑赢大盘、解决问题。这种判断方式与大多数投资者依据短期股价涨跌进行判断的方法不同，后者往往因为股价的短期波动而做出过于简单的评价。实际上，投资的成败需要经过一个完整的市场周期的检验，才能更准确地衡量。

判断投资中的成败周期是一个综合考量市场周期各阶段特点的

过程，需要投资者根据市场的变化调整投资策略，并在一个完整的市场周期结束后进行成效评估。这要求投资者具备对市场周期的深刻理解和灵活应对策略。

这时有人可能会说："听起来似乎很有道理，但要想真正把握周期也不是一件容易的事，在实践中怎样才能有效地操作呢？"对此，富人会秉持以下三条原则：

第一，不预测未来，而是判断当下。

虽然周期是不可避免的，未来是难以预测的，但我们仍然可以驻足当下，判断好自身所处的位置，由点成面地进行扩展，优化投资计划，这样才能更好地站在有利的位置，更有效率地投资。

第二，发现极端，利用极端。

富人一旦发现市场或股票正一步步走向极端，其情绪不是恐惧，而是兴奋，他们会在看清走势的同时，利用走势，朝着极端相反的另一面奋力奔跑，而这样的行为往往能够提高赚钱的概率，并赢得更多的超额收益。

第三，定量判断，定性观察。

富人判断一只股票是否值得投入，是需要通过定量估值的。

投资界有个说法叫作"投资无常法，万物皆周期"，这句话往小了说，是对经济、行业发展与市场情绪的规律的一种概述；往大了说，则是对人性以及世界万物的一种哲学信仰。富人相信周期存在，机会也永远存在，这是一个值得长期参与的游戏。

拓展多渠道收入，实现财富自由人生

我曾问过一个富人朋友："如果有一天你什么工作都做不了了，怎么办？""那很好啊，直接休假。"他摊摊手说道，"反正那只是收入的一小部分，又不是全部。""那除了工作的收入以外，你还有什么收入？""房产、股票、基金、债券，一些正在孵化且已经创造盈利的公司，还有图书的版税、古玩字画等艺术品……，总之很多很多。一个人想富有，肯定需要多渠道收入，若是只有一条路，一旦被堵死，岂不是走投无路了？"

说到多渠道收入，很多年轻人会误以为，就是多做几份兼职。如果这么想，那就是真的误会了。年轻时的大好时光，最重要的是学习充电、掌握专业技能，如果此时把时间都花在做兼职上，其实是不利于人生长远的发展和成长的。

真正的多渠道收入，是在你练就了过硬的本领后，将积攒起来的收入，进行多渠道、多领域的投资，让钱生钱、利滚利，为你赚取被动收入。这样即便是与风险不期而遇，或是暂时在某个投资项目上失利，依靠多渠道的收入来源，生活质量也不会受到太大影响。

这时候你可能要问："既然说到多渠道收入，它究竟具备怎样的特质？而我们又该怎样构建多渠道收入呢？"其实多渠道收入主要具备以下两个特质：

第一，建立"睡后收入"：睡着了也有钱进来。

"睡后收入"是近些年兴起的一个网络名词，就是被动收入，指不需要花费多少时间和精力照看，就可以自动获得的收入，也是获得财务自由和提前退休的必要前提。要知道，工作本质上是你出售时间，通过劳动给企业创造效益，从而获得对应报酬的社会行为。

不同的人出售自己时间的方式也不同，大致可以分为三种：首先是单份的出售时间，就是按部就班地上班，你在工作时间内为公司创造价值，以获得应有的回报；其次是多份出售时间，就是你在上班的同时还做一些兼职，比如说没事出去跑滴滴、送外卖；第三是"睡后收入"，也就是什么都不做，哪怕在睡觉时钱也会变多。乍听感觉被动收入有点像不劳而获，但实际上在获得被动收入之前，我们往往需要经历长时间的劳动和前期积累。目前最被大家认可的能够产生"睡后收入"的渠道有收房租，投资如股票、基金、理财产品等，还有就是知识产权的收入。"睡后收入"可以看作是一个人的能力与经验积累的产物，是对个人努力和奋斗的嘉奖，希望大家都能早日拥有"睡后收入"，实现财务自由。

第二，放大杠杆，创造更多"复业"收入。

所谓"复业"，指的是进行自我角色的转换，使原有的价值在多元化角色中重复变现，以此获得更多的财富价值。它不是副业，不是你在工作八小时以外再付出劳动所获得的回报，而是一种多元化角色扮演后的资源重复利用，即让自己在扮演不同角色的过程中打通更多领域的赛道，并通过不同赛道的身份，创造更多的收入。

举个例子，如果你是一个企业高管，那么你的阅历可以帮助你总结出很多宝贵的经验，并将它们编写成书出版发行，这时你的角色相当于作家，对图书进行营销策划，建立流量平台，你便又多了一个赚钱的角色；再从作家写书到讲授培训课程，与各大培训机构合作卖课，与各大厂商合作直播卖货，你便又多了讲师和"卖货达人"的角色。这样的身份转换，将会让有限的资源被重复利用，从而帮你实现多渠道收入的梦想。

对于富人来说，财富从来都不是数字，而是流动的能量。富人不会依赖单一的收入来源，而是努力发掘不同的收入渠道。在经济不景气的时候，拥有多种收入来源的人受到的影响会小得多，也比较容易熬过去。大部分人是"一个萝卜一个坑"，可是当唯一的收入来源受到经济低迷的影响时，生活就成了问题。相反，富人却是"一个萝卜多个坑"，即便其中一种收入渠道暂时受损，其他收入渠道依然能够保障生活。

长期持有，快来收获你的财富种子吧

经常有学员说："我知道买股票就要买那种便宜的公司，结果买来买去我还是买贵了，眼看着股票一路下跌，我该怎么办？"其实对于这个问题，我们首先要看的是公司的实力和真实价值。从投资角度来说，不要总想着每次都精准抄底，只要你认同公司的真实价值，即便没有买到最便宜的股票，哪怕股价还在下跌，也应该坚定信念，秉持长期投资的策略，冷静等待，因为你撒下的种子总会为你赢得丰厚的回报。

曾经有个投资者朋友感慨地说："股票市场是少数人赚钱的天堂，是因为愿意等待的人实在太少了，涨涨跌跌太容易影响他们的情绪，于是明明再多等一下就能盈利，却非要轻易放手，结果该赚的钱没有赚到，本金还在一直缩水。他们将这一切归罪于命运和运气，其实是自己的心理情绪需要调整啊！"

这时有人可能要问："那什么样的投资项目，才值得我们去等待，长期持有呢？"针对这个问题，很多投资人士给出的答案基本有三大准则：

第一，坚信自己买的是被低估了的好公司。

很多人之所以在投资中频繁地进行交易，主要就在于他们不自信，对选择的企业不了解，而这样盲目的投入是很难获得回报的。

富人之所以坚定长期持有，是因为他们研究了所投公司的经营和管理。他们既会研究该公司的历史业绩和经营管理模式，也会对其行业的发展前景进行分析和判断，并在权衡市值以后，在其价值被低估的时候快速买入。

在他们看来，买入后一时的涨跌并不能说明问题，只要这家公司的经营模式稳健、发展前景广阔，就一定会坚持长期持有。富人做投资最关键的就是根据价格高低决定买不买，正如格雷厄姆在《聪明的投资者》中所说："买股票要像买菜一样买，不能像买香水那么买。"总之，富人喜欢买入被认为低估的股票，而且有勇气在股票跌时买入。

第二，坚信自己对市场规律的把握。

一年有四季，经济有周期，股市也有轮回，有的时候它会在热情的夏季一路飙升，有的时候也会在寒冷的冬季表现不佳，对于了解市场季节的投资者来说，他们会根据规律配置资产。投资者应该学会识别市场的不同阶段，并根据这些变化调整投资组合。正如古人所言："天之正也，不可干而逆之。"投资亦然，顺应经济周期的规律，才能在投资的道路上稳健前行。不管怎样，大多数富人都不会轻易卖出需要长期持有的股票，因为他们知道，企业经营的淡季大概是多长时间，而旺季又将带来多高的回报，自己要做的就是耐心地、静静地等待旺季的到来，到时候收获就好了。

第三，克服市场中大众情绪的干扰。

现在，市场上总有关于投资方面的虚假信息，而突发事件的出现也很容易让人产生心理波动，尤其是看到刚买的股票一路下跌的时候，那种心痛真是无以言表。对于这种情况，股神巴菲特给出的回答是："认真地等待，绝对不要贸然行动。"这时要做的就是关闭耳朵，平静内心，然后对眼前的一切进行分析，并将危机视作机会，用机会创造财富。只要你坚信自己是对的，就不应被外部情绪所干扰，因为你从一开始就知道，自己买的股票到底值多少钱。

我们应该克服情绪带来的干扰，保持冷静和理性，不被市场情绪所左右。我们要看到公司的长期价值，寻找被低估的优质公司，并且坚定地持有这些公司的股票。只有我们克服情绪上的干扰，才能够获得更好的投资回报。

我们常说"知识是第一生产力"，唯有掌握专业的技能和知识，才有可能从平庸走向卓越，这不仅在我们适应工作生活的过程中很重要，而且在进行自我财富累积的过程中，也是同样重要的。

第八章　狼性判断：和你的"必胜思维"一起翻盘

什么才是真正的"完美投资人"

有些学员说，以前梦想着成为某些大企业的投资人，总觉得那应该是一件很酷的事，每当想到某些大企业的股份中也有一点点是自己的时，那种兴奋之情就油然而生。然而当投资失利的时候，消极后悔的感觉就占据了上风，觉得投资这件事其实并没有想象中那么简单。于是他们疑惑："如何才能成为像巴菲特那样的投资人呢？"

这个问题，很多富人也在不断地探索，想成为像巴菲特那样的投资人恐怕很难，但是，我们可以逆向思考，哪些事是巴菲特一定不会做的？根据巴菲特的讲话、书籍，我整理出他通常不会做的以下五件事：

（1）投机。他不会因为短期行情而投机，他的选择是长期性的，并会坚持不懈地等待股票价格到达合适的水平。

（2）盲目跟随。尽管他喜欢一些品牌，但会尽力厘清它们的前景和投资价值。

（3）市场热点投资。他绝不会随波逐流，他研究的是企业的基本面和未来的发展前景，而不是市场热门股票。

（4）赌博。他从不赌博，如商品期货、期权和抵押贷款等。

（5）放弃自己的投资理念。他始终坚信自己的投资理念，并且对企业的基本面持续关注。

巴菲特用自己的行动、成功和信念打破了投资的常规思维模式，并一直在向我们证明其理念和技能的实效性。作为想向巴菲特学习的投资人，我们需要通过学习和积累投资经验，发掘优秀企业并对其基本面持续关注，坚定自己的投资信念和原则，实践风险控制、长期持有和价值投资的理念，并自觉避开巴菲特所指出的投资禁忌。

作为投资人，我们应该如何有效率地选择出优质的公司？遵循巴菲特投资方法中的十二条准则，将它视为铁律去执行，就可以帮助我们在投资决策中少犯很多错误。是哪十二条准则呢？下面就结合其被分割成的四大板块，依次为大家进行阐述：

第一个板块是关于企业的原则：生意好不好？

（1）模式是否简单易懂？

（2）企业经营是否持续稳定？

（3）企业是否有良好且长期的发展前景？

第二个板块是关于企业管理的准则：管理层是否过硬？

（1）管理层是否趋于理性？

（2）管理层对股东是否坦诚？

（3）管理层是否能够打破惯性？

第三个板块是关于财务方面的准则：收益率怎么样？

（1）重视净资产收益率，而不是每股盈利；

（2）计算真正的"股东盈余"；

（3）寻找具有高利润率的企业；

（4）每一美元的留存利润，至少创造一美元的市值。

第四个板块是关于市场准则：股价好不好？

（1）必须确定企业的市场价值；

（2）相对于企业的市场价值，能否能以更低的折扣购买？

对于富人来说，投资这件事唯有真正看好才会出手，但凡是超出自己理解能力范围的项目，即便被夸得天花乱坠也不会引起他们的兴趣。在富人看来，投资的核心目的不仅仅是赚钱，还要在不亏钱的基础上，更平稳地去赚钱。所以他们非常注重企业管理层的品质，也非常在意企业是否具有稳定上升的运作能力。他们会关注企业的文化和管理运营模式，以及是否具备"护城河效应"。因为唯有这些都运作良好，他们所投进去的钱才能有保障地获得收益。

富人投资的时候常常是站在企业家的角度去关注企业，像运作自己的企业一样去推敲这些企业的管理和经营状况。他们的投资始终与优质企业一起成长，只要企业足够优质，他们甚至会在动荡的时候加仓买入，且绝对不会轻易卖出。他们会用时间来证明自己的选择，耐心地等待，抵御内心的贪婪和恐惧，最终成为被众人羡慕和仰视的投资赢家。

"投资是一个超人性的长期游戏。"他们总是这样说，"越是拉长时间线，你的收益越是会与之保持一致。"这从来都不是投机式的博弈，而是在真正洞悉机会的前提下的明智决策。这就是"完美投资人"的成长历程，若是你也希望能屏蔽一切干扰，依靠一双慧眼修成正果，那么就从现在开始，努力磨炼自己的思维和意志，朝着财富彼岸一路进发吧！

超越"安全感"，富人都是理性的冒险家

投资绝对不能跟赌博画等号，之所以富人能在投资上成功，是因为他们在看清形势之后，超越了内心"安全感"的底线，牢牢抓住了机遇，从而获得了可以预见的收益。对于投资，他们从来都是理性胜过感性的，他们知道把钱投进去，最好的结果是什么，最差的结果是什么；他们知道市场繁荣的时候，最高的获利点位大概在哪里，也知道市场动荡的时候，是该操作还是等待。

于是有人就要问："这样强大的思维，究竟能不能复制啊？我跟他们又差在哪儿呢？"对于这个问题，很多富人将问题的核心归为必须识破两大思维陷阱。

大多数人在投资的时候，往往会产生两种判断性错误：一种是概率上的错误；另一种是错误判断的习惯。所谓概率上的错误，指

的是我们虽然可以推导出相对合理的概率，但还是经常被直觉带偏，最终相信了错误的概率，因为一切动作都是以错误判断为引导的，所以结果必然好不到哪去。

对于金融知识和市场操作已经达到一定熟练水平的投资老手来说，他们的直觉是可信的，经验赋予了他们数据推理的能力，所以越是在关键时刻，他们的直觉可能就越灵验。但对于入门级的投资者来说，他们对市场的知识和操作都还不熟练，若相信直觉，那很可能就是一场灾难。

若是入门级的投资者想在投资的时候做出更准确的判断，就要更多地从概率思维方面下手，计算出更准确的概率，这样才能有效地摆脱直觉的误判，以更准确的方式进行市场操作，从而增加赚钱的机会。

第二种影响投资决策的就是错误判断的习惯，就是那些明知道可以做，却因为缺乏安全感没有做的事。比如，面对一笔很划算的投资，因为缺乏安全感而犯起了迷糊，到底要不要做？这么做是不是稳妥的？结果犹豫来犹豫去，错过了最佳投资时机。所以，富人常常共鸣于一句老话："有些时候，逃避风险就是投资决策中最大的风险！"

富人常常将风险划分为已知风险和未知风险两类。所谓已知风险，是存在固定概率，可以预测的风险。而未知风险，是没有固定概率，而且很难预测的风险。应对这两类风险最好的方法就是最大化地完成风险沟通。

风险沟通指的是把当下所要应对的风险，从两个专业的维度进行描述，它们分别是：

在描述风险的时候，要尽可能地使用"频率"而不是"发生概率"；

在描述风险的时候，要尽可能地使用"绝对风险"，而不是"相对风险"。

很多时候我们会被词汇误导，却没有意识到这是截然不同的两个概念。面对统计数据，我们只需要做到两点：第一，要看最全面的数据，而且是绝对性质的；第二，要看数据是不是受到了提供者立场的影响。唯有如此，我们才能更全面地了解风险的全貌，从而做出更精准的选择。

富人正是因为深入掌握了相关的数据，所以才能从容不迫地实践和操作。也正是因此，他们将绝对风险和相对风险之间的关系看得很清楚，从而避免了错过最佳的投资时机。在他们看来，过分依赖"安全感"的犹豫，是投资中的大忌。这就是他们作为理性冒险家的自我决断力，也是他们能在投资市场中所向披靡的优势所在。

可以倾听他人的建议，但别什么都信

著名投资家彼得·林奇曾这样劝告广大的投资者：千万不要相信那些"小声耳语的股票"，因为它会让你赔得很惨……

在生活中，我们经常会听到这样的叮咛："凡事多听听别人的想法，不要擅自做主，盲目自大。"于是，这样的思路便顺理成章地被我们运用在了投资理财中，因为不够自信，永远将给予答案的权利给到他人，好像这个世界除了自己以外，其他的人都是理智的。

在富人看来，投资理财首先要坚持以自我为中心，需要掌握屏蔽外界噪声的能力，唯有如此，才能以更理智、更专注的心态运作和管理资产。

在投资的过程中，我们可以形成一套自己的认知体系，并用这个体系指导实践、做出决策。尽管在开始时，这样会有些低效，但可以让我们在掌握节奏的过程中学到很多东西。经过长期的训练，我们在面对机遇的时候可以本能地给出答案，这个时候就已经变成了一种条件反射。

老子说："致虚极，守静笃，万物并作，吾以观其复。夫物芸芸，各复归其根。归根曰静，是谓复命。复命曰常，知常曰明。不知常，妄作凶。知常容，容乃公，公乃全，全乃天，天乃道，道乃久，没身不殆。"

"致虚极，守静笃"——在股票投资中，我们需要达到一种内心的平和与宁静。这不仅仅是对市场的冷静观察，更是对自己投资心态的调整。不被市场的波动所影响，不被短期的得失所动摇，以平静的心态面对市场中的风云变幻。

"万物并作，吾以观其复"——市场中的股票涨跌如同万物生长，有其自身的规律。我们需要细心观察，理解其背后的逻辑，把握其运作的脉络。通过深入研究，我们就可以洞察市场的真实情况，从而做出更为准确的投资决策。

"夫物芸芸，各复归其根"——股票市场的变化虽然复杂多样，但终究有其根源。我们需要找到市场的根本规律，理解其运行的本质。只有把握了市场的根本，我们才能在投资中立于不败之地。

"归根曰静，是谓复命"——当我们找到市场的根源，理解其运行的本质后，我们的内心会变得更加平静。这种平静不是对市场的漠视，而是对市场的深刻理解和把握。我们会更加清晰地认识到自己的投资目标，并更加坚定地执行自己的投资策略。

"复命曰常，知常曰明"——在股票投资中，了解市场的常态是非常重要的。只有当我们深入了解市场的常态时，才能避免被市场的短期波动所迷惑。同时，我们也需要保持一种包容的心态，以接受市场的多样性和复杂性。

"知常容，容乃公，公乃全，全乃天，天乃道，道乃久"——当我们以包容的心态面对市场时，我们的视野会更加开阔，对市场的理解也会更加全面。我们会逐渐接近市场的本质，把握市场的规律。这种对市场的深刻理解会让我们在投资中更加稳健、更加持久。

"没身不殆"——在股票投资中，我们需要保持一种长期的视野，不被短期的得失所影响。只有这样，我们才能在投资的道路上越走越远，实现投资目标。

我们需要保持内心的平和与冷静，深入理解市场的本质和规律，以包容的心态面对市场的变化。只有这样，我们才能在股票市场中取得成功。

曾经有个富人朋友说："与其相信那些不靠谱的小道消息，我宁愿相信直觉。因为直觉依据的精准数据可能比那些被炒作的内容来得更为实际，更符合我的需要。"所以，别人的意见不是不听，但最好就是听听而已，与其相信别人，不如从现在起，好好练就别人偷不走的财富技能！

扩大"舒适圈"vs待在"能力圈"

现在很多文章都在鼓励大家走出舒适圈，我的学员问我："为什么我们要走出舒适圈？"我给出的回答是："如果你只是想让自己生活得舒服，那么这一生你可能都与财富无缘。但如果你想变得富有，那你实现梦想后一定会有舒服的生活。"

"舒适圈"最初是个心理学的概念，简单地说，舒适圈里的状态让我们有安全感，相反，舒适圈外的状态会让我们产生心理焦虑。舒适圈就是我们内心的安全边界，这个理论后来被用在了很多领域和行业。

我们再来看看"能力圈"的概念是如何形成的。

"能力圈"是以巴菲特为代表的价值投资者坚守的重要原则之一。巴菲特在他"致股东的信"里，是这么解释的：你不需要成为每家公司的专家，甚至不需要很多。你只需要能够评估你能力范围内的公司。……能力圈的大小不是关键，而了解它的边界则至关重要。

价值投资者往往要面对很多不同行业的公司，因此会有专业知识不足的感觉，很多人为了搞明白一家公司，会"强行理解"那些行业的专业知识，最后成了"半吊子投资"。

于是，能力圈理念横空出世，不懂不会让你输，"有些知识超出了你的能力边界"才是真正的风险。这个理论总结下来其实就是四个字：不懂不投。

我们在扩大财富圈层的过程中必然会经历各种的不舒适、各种的问题和阻碍，这是在锻炼我们解决问题的能力，也是成长必须经历的过程。起初在面对这些的时候，我们也许会手足无措，但不管怎样都要做下去，只要坚持就会发现，一切都将迎来"柳暗花明"。若是此时退缩，将自己带回到舒适圈，那么扩圈行动就会前功尽弃。

想要扩大舒适圈的范围，必将经历从舒适到不舒适，再从不舒适到舒适的过程。它需要不断地学习充电，提升技能和管理水平，有策略地建立团队，搭建平台。毫无疑问，这是一项非常富有挑战性的工程，而我们所要做的就是成为工程的总设计师。

总之，我们需要把握的一个基本原则就是，在能力圈内投资，在舒适圈外学习。

第九章 思维格局：因果交错，致富其实是一种心理游戏

"眼前利益" or "长远价值"，思维决定财富

记得多年前，一个中医界的朋友研制出了一款专注于调理身体的中药配方，只需几味中药，就可以让严重水肿患者的病情得到缓解，为此他还特意申请了国家专利。本想着这回可以好好治病救人，却意外地等来了不速之客，对方声称是一个上规模药厂的经理，想要以300万元的价格买断他的中药专利。当时300万可不是一个小数字，这个朋友确实有点动心，又考虑到生活压力大，于是就同意了。但是，自从药方被药厂购买后，对方始终没有生产，经过打听

才知道，自己的这个药方被对方雪藏了。

眼看自己济世救人的愿望就此落空，朋友的恼怒无从发泄。几年后，跟他同等资历的老中医也研制出了相似的药方，坚持独家的专利权，打造出了属于自己的品牌，产品畅销全国各地，如今已经身价数千万。

现实生活中，很多人都很容易屈从于眼前利益，觉得钱能立马拿到手是一件很好的事，但之后才知道，自己着急拿到手的，将会在未来创造出数倍乃至数十倍的财富，今天的所得其实少得可怜。这涉及心理学上一种极其特殊的行为模型——"大象与骑象人"。

大象的特点是只关注眼前利益，怎么舒服就怎么来，先把眼前能享受的都享受完，至于以后的事情以后再考虑；而骑象人的特点是关注长远利益，为了以后的生活能过得更好，可以暂且忍受眼前诸多的不舒服，相信现在的付出将在未来得到更丰厚的回报。

所以想要完成人生的转型和蜕变，就需要我们同时指挥好自己生命中的"大象和骑象人"，让它们相互协调、相互配合，既让自己眼前的生活过得去，又要为未来积累财富。这是一个不断调整的过程，也是一个蜕变的过程。

曾经有位富人坦言："很多人之所以只盯着眼前，难以改变，即便有想法也迟迟不肯付诸行动，主要原因就在于其脑袋里的'骑象人'不知道该怎么走。于是只能是顺从注重眼前利益的'大象'，在原地打转。更麻烦的是，因为对未来疏于分析，很多人在利益选择上经常犯错，因为看不清什么是长远价值，认为长远价值不如眼前利益重要，才会一次次捡了芝麻丢了西瓜。"

那么，究竟该怎么解决这个问题呢？

第一，了解应用工具的本质，并以最好的方式运作它。

仅以"大象与骑象人"之间的关系为例，大象虽然体积庞大，却是骑象人前行的重要工具。大象这个庞然大物不好管理，总是被眼前的事物所诱惑，但只要骑象人能够认清这个工具的本质，分清它的优点和缺点，便可以从长远价值的角度，采取相应的方法，更好地利用工具，从而达成更长远的目标。

在财富管理领域也随处可见这种可以快速兑现眼前利益的工具，最常见的就是信用卡。它具有提前消费、后期还款的模式，只是很多看重眼前利益的人，用错了这个功能，最终导致入不敷出。

而富人一般会怎样利用信用卡呢？举个简单的例子，他们会将短期用来维持生活开销的钱，投入货币型基金账户，定期获得相应的收益。同时会在消费时选择使用信用卡，保证到期足额还款。把

"省下的钱"投入货币型基金账户，可以通过时间差获得一笔不错的利息收入。当这样的积累方式形成习惯后，本来用作透支消费的信用卡，就会变成富人积累财富的有力工具。这样的操作既达成了眼前的消费，又创造一个财富增值的通道。

第二，完成评估，给自己一个明确的答案。

每当面临眼前利益和长远价值的痛苦抉择时，最好的方法就是拿出一张纸，将自己的思路和预想的结果全部写下来。如果当下兑现眼前利益，未来会不会后悔；如果想获取长远价值，现在能不能承受。

眼前的这笔资金，经过运作，在未来会给自己带来什么，其所带来的价值超过现在价值的概率有多大，还是有可能一文不值。如果很有价值，原因是什么？如果一文不值，依据又是什么？

完成这个综合评估以后，你就可以对现在持有的这笔资金进行估值，再用其未来可能创造的价值减去当下的价值，看看这个选择是否划算。

第三，把握全局，理顺眼前利益和长远价值之间的对立关系。

对于富人来说，把握全局是一个很重要的核心。在他们看来，眼前利益和长远价值并没有好坏之分，而是一种需要权衡的选择，是一种对资本的理性配置。

一个人只顾眼前的利益，得到的终将是短暂的欢愉；一个人目标高远，但也要面对现实的生活。只有把理想和现实有机结合起来，才有可能成为成功之人。有时候，一个简单的道理，却足以给人意味深长的生命启示。一个人只有将长远利益和眼前利益统一起来，才能真正实现自身最大的价值，也才能成为最终的赢家。

其实，很多富人做投资时会尽量让长远利益和眼前利益兼得，但如果两者发生矛盾，他们会优先考虑长远利益而放弃眼前利益。只有那些目光短浅的人才会只看到眼前利益，而看不到长远利益。总之，如何选择长远利益和眼前利益，我们需要认真思考再做出选择。

让财富在能量池里"流动"起来

财富作为一种流动的能量，在我们的生命中发挥着举足轻重的作用。它不仅部分决定了我们生活的品质，还增进了我们彼此之间的联系和价值。

有一个导演，年轻时就梦想成为一名剧作家，结果努力了很多年，都没有成功，本来已经想放弃了，却碰巧遇到了一位行业内的"大咖"，看了他的剧本，很欣赏，于是帮着他做事业，还想尽办法替他融资。最终他的第一部电影在这位"大咖"的帮助下，登上了大荧幕，获得了很好的票房，而这位"大咖"也正式成为他的投资人，成了他事业上最重要的伙伴。

后来，他的作品越来越成功，也挣了很多钱，他想到的第一件事是建立一个"人才基金"，去帮助那些有才华而缺少机会的人。他会定期为这个"人才基金"汇入资金，如今已经帮助不少人实现了梦想。他说："这是我人生中最有成就的事，因为走过他们的路，吃过他们的苦，所以我知道他们最需要什么、最渴望什么，而我又能给他们带来什么。"

现在被这个基金帮助过的人，有很多已经成为行业中的顶尖力量。他们带着崇敬感恩的心与这位导演一起合作，有些甚至愿意成为他影视拍摄中的后勤人员，以感谢当年他的帮助和栽培。就这样他在行业中的口碑广为流传。正是因为这份带着爱的金钱投入，在助力了他事业和财富的同时，也为他带来了与日俱增的幸福感。

曾经有个富人朋友说："若是我用手里的钱，买到一件惦念已久的东西，那种兴奋的感觉只能维持几个小时，随后就会归于常态。但是当我拿钱去帮助最需要的人时，那种幸福感能持续几个月，而且每次想起来就感到特别快乐和自豪，这种让财富流动起来的感觉实在太美好了！"

现在很多富人都会去了解和认识一些富有创业精神的初创者，了解他们对市场和产品的看法，了解他们对创业的思路、想法和规划，之后，他们就会投入资本，来帮助这些创业者实现梦想。

"创业之初肯定是缺钱的，"我的富人朋友说，"每一笔资金的注入都对他们的创业发挥着重要的作用。如果他们真的有想法、有创造力，而且真的有实力做成事，为什么不用我的财富给予他们希望，让他们在创业的道路上发挥无限的可能，实现梦想呢？"秉持着这样的想法，如今的他已经成功孵化了十几家创新企业，而且其中不少企业已经开始盈利，他作为天使投资人，也获得了相当的财富。

先要有强大的行动力

富人往往都是高效率的行动派，当他们对财富产生强烈欲望的时候，从来不会怯懦，也不会回避，而是坦诚地面对需求，一步步地在心中勾勒出创造财富的思路。之后会从一个想法衍生出一种感觉，又从一种感觉衍生出一种行动，并且他们还会在实践的过程中不断调整策略，让结果落地生根。这是一种信念，也是一种坚持；是一种创造，也是一种勇气。当今社会，唯有将财富蓝图落到实处的人才能最终笑到最后，而富人恰恰将实现目标这件事，逐步转换成习惯，因为相信一切在我，所以常常会爆发出强大的行动力。

如何才能拥有强大的行动力呢？核心有三点，分别是全力以赴、拒绝抱怨和不断学习。

第一，全力以赴。

对于富人来说，只要下定决心要做的事，就不会轻易放弃。在他们的字典里，只有成功，没有失败，只有前行，没有后退。只要确定了目标，就会想方设法地去完成。因为他们知道，唯有攻克了第一步，才能谈及下一步。

所以很多富人在创业初期，即便遇到问题，他们也会果断地边行动、边解决。这就像是射击，究竟是先瞄准再扣动扳机，还是先扣动扳机再瞄准，很多富人选择的是同步操作。当别人还在准备瞄准的时候，富人已经完成了第一步尝试。

第二，拒绝抱怨。

有人说："抱怨，是这个世界上最廉价的东西。"无休止地后悔、抱怨、寻找借口，是富人最不能容忍的。在他们看来，如果总是摆出一副受害者的心态，不停地抱怨、责难，就等于允许那些负能量操控自己的人生。对于他们来说，人生无所谓抱怨，一切无非是有待解决的问题，而解决问题总是要经历一个必要的过程，在这个过程中会学到很多东西，了解到很多自己之前并不知道的事，这无所谓好坏，而是成长的必要阶段。

如果你有梦想，就不要抱怨，如果习惯性抱怨，就要努力做改变。

第三，不断学习。

如果你觉得自己什么都知道，那么你的财富也只会局限在你的认知里。但是如果你秉持谦虚的态度，对生活中的未知保持好奇心和求知欲，并通过学习扩充知识储备，就能在提升财富的同时改变命运。

现代社会，富人对学习的重要性往往有着深刻的认知，他们不仅会在子女教育上投入大量财力和精力，自己也会不断地学习，并将学习当作一种神圣的使命。以犹太人为例，其对学习的重视就令人惊叹，几乎所有的犹太人都有这样一种观念：懂得学习的重要性、能够持续学习的人，远比知识丰富却不继续学习的人更伟大。

所谓活到老，学到老，终身学习是一种非常值得提倡的思维，通过学习不仅可以获得财富，还可以使一个人保持年轻的心态，获得精神上的富足，正因为如此，终身学习正在被越来越多的人所奉行。

致富策略："打不垮""沉不了""挺得住"

富人对资产的配置有很高的要求，会秉持抵御风险为先的想法，进行净资产核算，并在权衡风险收益后，做出最优的选择。这有助于他们获得内心的安全感，使他们能够以平静的心态去运作财富。

格雷厄姆曾经为普通投资者设计了一个傻瓜式的股债平衡策略——50% 股票，50% 债券，定期再平衡。

可瑞·达利欧认为这远远不够：这种情况下，50% 的股票产生了整个组合 95% 的风险！

股票的风险远高于债券是公认的事实，"钱分成两半"不等于"风险分成两半"，更别指望对冲风险了。

所以瑞·达利欧认为，分配资金的时候必须考虑资产的风险收益比，而不仅仅是每个资产类型投资相同的金额。

"股债五五开"的方式虽然简单，却忽略了资产的风险收益比，再加上股债并非负相关，因此这种组合无法实现"全天候"的效果。这就是瑞·达利欧"全天候策略"思考的重要前提。

瑞·达利欧为普通投资者设计了一个简化版的全天候策略：

第一，把 30% 的资产配置在股票上。瑞·达利欧建议买指数基金，同时叮嘱"别嫌少"，因为股票的风险比债券高 3 倍。

第二，15% 配置 7-10 年的中期国债，40% 配置 20-25 年的长期国债。瑞·达利欧口中的国债当然是指美国国债，所以上述期限也是美国国债的规格。

第三，配置 7.5% 的黄金和 7.5% 的大宗商品。这是为了防止"股债双杀"——以 2008 年为代表的股债双杀年，让很多人栽了跟头。

最后，每年至少进行一次再平衡。再平衡相当于组合内的"低买高卖"，让利润能顺利地落袋为安。

这四步简单得让人难以置信，那投资风险又该如何管理呢？

步骤一：梳理目标。

富人会针对财务情况，定期地梳理投资目标。他们会将投资目标分为三个，分别是基本需要目标、重要金钱目标和落实梦想目标。

步骤二：将投资目标变成现金流。

富人会根据现金流来界定投资目标，其中涉及精准的计算和有计划的开源节流。他们会将每年、每月、每日的开销根据相应目标进行分类，同时在次年、次月、次日进行重新修订，这样随着账目表上实现目标所需要的钱越来越少，他们距离目标的实现将会越来越近。

步骤三：创建财富分配的框架。

富人会把所有的资产和负债一起归入档案，建立起一个关于财富分配的框架，其中包括有价债券、保险、股票期权、房屋以及住房抵押贷款等一系列有效资产和相应负债。这有利于他们在全面了解财务状况的前提下做出决策，并有效降低家庭风险、企业风险和市场风险，使其具备抵御危机的实力。

步骤四：评估风险分配。

对于富人来说，最优的风险分配取决于多种因素，比如自身的年龄和收入潜力，当前总资产以及资产净值对于维系生活所需资金的比例等，他们需要在这些重要因素中找到利益均衡点。经过系统评估后，他们会根据评估结果，做出财务调整，在最大化降低财务风险的基础上，进一步细化实现投资目标所需要的时间节点和资金分配。他们会对各项财务资产进行有效组合，强化实现目标的精准系数，从而进一步提升抵御风险的能力。

步骤五：实施资产配置和分散投资。

在富人看来，资产配置代表着一个人在承担风险问题时的舒适程度。如果对更新后的配置感到满意，便可以将更多的资产配置到此类投资组合中。随后他们会完成其中最重要的环节，并将每一个组合部分的风险等级进行分散化操作，以此来降低风险，有效把控财务的安全系数。

步骤六：分析和压力测试。

系统的分析和压力测试是把控财务危机至关重要的环节，因为它们可以确定风险和投资组合策略是否能够抵御风险，并对可承受的能力范围做出系数评估。

步骤七：审查和再平衡。

在观察整个市场周期的过程中，富人会根据当前的生活开销，将投资目标和风险分配进行重新评估。对他们来说，评估安全投资组合比例是一件非常重要的事，它意味着分散化投资，可以在降低投资风险的同时更好地实现投资目标。

财富并非一系列数字的排列组合，相反，每个人都应该根据自身的需求来界定财富。评估它所能承受的风险，衡量它可能带来的收益，然后制订出种子浇灌计划，更好地呵护它。这似乎是最能解决风险干扰的方式，而想要真正落实"打不垮""沉不了""挺得住"的致富计划，就要做到未雨绸缪，让资本在有效管理的状态下平稳流动，让目标在系统的评估下一一实现。

"用时间赚钱"遇到"用结果赚钱"

很多人上学的时候都听长辈念叨过："一定要好好学习，考出好成绩，考上好大学，有了这块敲门砖，将来才能找一份好工作，有了好工作你才能有一个稳定的生活。"有些人学了很多知识，有了很好的工作，可仍然是在用时间和体力换取金钱，他们勤奋地还房贷、还车贷、养孩子，却享受不到财富带来的稳定和幸福。

有人疲于奔命却只能赚到可怜的生活费，有人在空调房里喝着咖啡就把钱赚到了，两者之间的根本区别在于，一个是在用最宝贵的时间赚钱，而另一个是在用结果赚钱。这两种不同的赚钱模式，拉开了他们的财富档次，一个过得十分辛苦，而另一个却成了财务自由者。对财务自由者来说，稳定的薪水其实算不了什么，自己之所以还在工作是因为喜欢，因为热爱，因为创造财富的成就感，而不是为了定期打进账户里的"零用钱"！

现实中我们大部分人都是拿固定工资的，而且习惯用这种方式挣钱。可我们没有想过，时间对于我们到底意味着什么，若是用它的全部来换取货币，在这样的交换中还有什么幸福可谈。按照工作时间获取报酬，所能换取的价值其实相当有限，之所以有人愿意买你的时间，很大程度上是他们希望解放自己的双手，去做更感兴趣、更有意义的事。

我们习惯拿时间赚钱，这一方式的问题是，时间是有限的，这就意味着收入也会封顶。

"用结果赚钱"则是以结果为导向，先有目标，再有计划行动，用目标倒逼自己去快速行动，并且量化到天，这样每天需要做什么、该怎么做，清清楚楚，明明白白，而不是走一步看一步，毫无章法。

很多富人是按照结果来收取报酬的，他们首先会预见到投入所带来的产出价值，多少投入才是最划算的。如果觉得价值比率不均衡，就会重新考虑要不要增加投资。

当很多人还在疲于奔命地用时间换取收入的时候，富人却在考虑销售提成、交易佣金、利润分红和作品版税等可以长期持有、可以源源不断带来收入的渠道。这些收入虽然看起来算不上稳定，但没有上限，而正是因为这个它们才被富人所关注。他们不希望自己付出时间获得的只是"一锤子买卖"，相反他们期待的是从一次性劳动中持续地赚取更多的收入。虽然这种收入有一定的浮动，但操作好了也一样可以"稳赚不赔"。

当很多人只关注眼前的工资时，富人却在寻找做点什么才能够让自己赢得比薪水多出几倍甚至几十倍的收益。如果此时某人成功蜕变成富人，那他的路径一定具有参考价值，而具有富人潜质的人最擅长发现这样的机会，并成长为一个真正的有钱人。

当这样的想法在他们脑海中出现时，善于预见结果的人便已经开始行动。在他们看来，当下所运作的不是时间成本换来的工资，而是一个更美好、更富有的未来。不同的选择、不同的思维模式，铸就了两种截然不同的人生。所以，不要说富人成功太容易，而好运从来不会降临在自己身上，你要学习的是带着结果去赚钱，说不定下一个成为富人的就是你了。

第十章 玩转规则：掌控金钱，成为了解游戏规则的内行人

需求层次与财富管理

什么才是财富管理的底层逻辑？财富是为我们的各种需求服务的。财富最核心的作用就是购买体验，而人生的幸福感，多半都集中在人生的体验当中。

心理学家马斯洛将人类的需求分为了五个不同的层次，分别是生理需求、安全需求、爱和归属的需求、尊重需求和自我实现需求。

生理需求（physiological needs）满足的是人们最基本的生存需求，包括食物、水、空气、睡眠等，这些都是维系人类生存不可或

缺的基本需求。

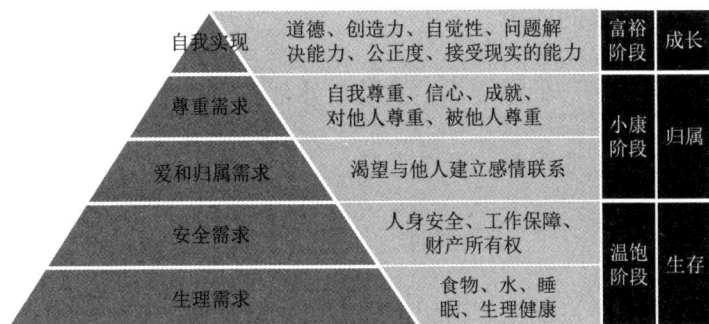

图10-1　马斯洛需求层次理论

安全需求（safety needs）是在实现生理需求以后，更进一步的需求，其中包含如何有效地规避危险，保持健康的体格。

爱和归属的需求（love and belonging needs）是在安全需求的基础上更进一步的心理需求，这时候人们会追求亲情、友情、爱情等社交关系，希望与他人进行连接，并因此获得归属感和认同感。

尊重需求（Esteem needs）是在社交需求基础上的更进一步的需求，这时候人们更需要的是能够在自我的领域获得尊严和权利方面的尊重，并以此向他人最大化地展现自我价值，从而获得被他人赞许认可的成就感。

自我实现需求（self-actualization needs）是最高级的需求，这个阶段人们重在挖掘自身潜能，希望能够更进一步地实现人生的意义和价值。

下面就一起来看看这五个不同需求层次的具体应用：

1. 生理需求的应用

生理需求——低级需求，食物、水、空气、睡眠、性等的需要。它在人的需要中最重要、最有力量。

例如：当一个人很饥饿时，他极需要食物。假设一个人需要工作的薪酬来生存，那就可以用生理需求来激励他。

激励措施：增加工资、改善劳动条件、给予更多的业余时间和工间休息、提高福利待遇。

2. 安全需求的应用

安全需求——低级需求，人们需要稳定、安全、受到保护、有秩序、能免除恐惧和焦虑等。

例如：一个工作者居无定所，四处漂泊。

激励措施：强调规章制度、职业保障、福利待遇，并保护员工不致失业，提供医疗保险、失业保险和退休福利等。

3. 爱和归属的需求的应用

爱和归属的需求——人们需要与其他人建立感情的联系或关系。

例如：人们积极社交，结交朋友，追求爱情。

激励措施：提供同事间社交的机会，支持与赞许员工寻找并建立和谐温馨的人际关系，开展有组织的体育比赛和集体聚会。

4. 尊重需求的应用

尊重需求——自尊和希望受到别人的尊重。自尊需要使人相信自己的力量和价值，使得自己更有能力、更有创造力。缺乏自尊，使人自卑，会让人没有足够的信心去处理问题。

例如：努力读书成为某领域的专业人才，来证明自己的存在和价值。

激励措施：公开奖励和表扬，强调工作任务的艰巨性以及成功所需要的高超技巧，颁发荣誉奖章，在公司刊物发表文章表扬等。

5. 自我实现需求的应用

自我实现的需求——人们追求实现自己的能力或者潜能，并使之完善化。在人生道路上自我实现的形式是不一样的，每个人都有机会去完善自己，满足自我实现的需求。

例如：运动员把自己的体能练到极致，让自己成为世界第一或是单纯只为了超越自己；一位企业家，真心认为自己所经营的事业能为社会带来价值，而为此更好地工作。

激励措施：设计工作时可以运用复杂情况的适应策略，给有特长的人委派特别任务，在设计工作和执行计划时为下级留有余地。

在财富管理中，富人会根据这五个不同的需求层次，优化资产方面的配置，既让自己的基本需求得到满足，又能奔向更高级的需求。对于他们来说，这样的资产配置一定是均衡的、可进阶的。为此，他们会对每个部分的投资，进行精心的筹划，力求掌控生活和财富。

为了实现这样的增值目标，他们在财富管理上有着属于自己的底层逻辑。

那么，他们到底是怎样对资产配置进行有效均衡的呢？

第一步：搭建稳健型基础，充分实现人生基本需求。

在这个步骤中，富人会拿出其总资产的 40% 来搭建稳健的财富基础，这类资金不需要赚取过高的利润，只是为了最大限度地保证基本需求，让自己的生活过得稳健踏实，有安全感。所以从资金运用的角度来说，他们会把这部分钱投到适量的大额存单、国债、货币基金等品类中，既能从中获得相对确定的收益，又能随时提取以满足消费需求和意外的开销。

第二步：完善保值型投资，为生活建设"安全网"。

在满足了第一层次的基本需求后，富人会将另外 30% 的资金用在保值项目中。其主要目的就是规避不必要的风险，只有在确保安全的基础上，才能更稳健地赚取收益。为此他们会将此部分资金用于投资企业债券、债券型基金、混合型基金、认购一级市场新股，以及可转换债券等风险系数相对较低的项目。

第三步：主动进攻，为终极的自我实现"放手一搏"。

在这个过程中，富人会将 20% 的资金投入到股票型基金、进取型基金，以及相对活跃的项目中。再将 10% 的资金投入到商品期货、股指期货、期权、外汇、黄金等资产上。投资这些资产最核心的目的就是以小搏大，虽然风险系数较高，但也可能赢得更高的收益，因为他们测算过风险收益比，发现这样的风险是自己可以承受的，所以他们所要做的就是细心挑选、认真运作、耐心等待，以最平常的心态，迎接随之而产生的倍数增长。

综上，虽然在很多人看来，这样的计划太过容易，但若想始终坚持，将一切落到极致，光理解是不够的，还需要我们结合自己的情况，身体力行。唯有如此，才能在富人思维的指引下逐步晋级，实现一生的财富蓝图。

没有风险也能赚大钱吗

"高风险等于高收益"这种说法对吗？

市场上不少人把这种想法视作富人创富最直接的方式，从而将辛苦赚来的钱进行了无效投资，最终不但没有赚到钱，反而连本金都受到了严重的损失。对于这种说法富人是怎么看的呢？

其实大多数富人在财富管理上都是相当谨慎的。谈到投资，他们首先想到的是不赔钱，其次还是不赔钱，最后就是坚持这两条。在他们看来，投资要做的就是赚不等价中间的那点聪明钱，同时，坚守的原则就是"稳赚不赔"。

有一位业内人士说，假如现在是 1929 年的第一天，我们将两组钱分别投到高波动和低波动组合里，每个组合里分别投入 100 元钱。这时候你可以猜想一下，88 年后，也就是 2017 年的时候，哪个组合的收益会更高呢？

强大的数据证明，低波动组合的回报是高波动组合回报的 22 倍还多。具体来说，低波动组合最后是 482000 元，而高波动组合却只有 21000 元。由此可以推断出，从长期主义投资的角度看，高风险的股票组合并不能为我们带来更高的回报，反而是低风险、高回报看起来更靠谱一些。

这究竟是怎么回事呢？

从数据上可以看到，在总共 88 年的样本观察期间，低波动组合的年均回报率是 10.2%，而高波动组合是 6.3%。两者之间相差 3.9%。这样的差距看起来不大，但千万不要忽视了这 88 年中的复利。虽然低波动组合平均每一年只比高波动组合多赚了 3.9%，但是在复利的作用下，经过长时间的积累，这很小的差别，就能产生翻天覆地的财富差异。

除了复利带来的影响，低波动组合之所以能够跑赢高波动组合还在于它们“亏得少”。就高波动组合账户来说，即便有翻倍的可能，但站在长时间的角度来看，那所谓财富翻倍的可能，无非就是泡沫幻影，它不但不会给你带来什么可观收益，而且还可能让你面临本金大幅缩水的风险。

比如，你投资了一个风险基金，第一年涨了 50%，第二年跌了

50%，表面上看，这两年的平均收益率是 0，貌似也可以接受，但现实不是这样的。两年过后，基金的净值是本金 150% 的 50%，也就是最初本金的 75%，不仅第一年的涨幅会赔光，本金也缩水了 25%。由此得出结论，高风险真的未必能带来高回报，倒是低风险投资能让你亏得少，从长线投资来看，其更稳妥，更有机会获得稳健的回报。

大多数富人在进行投资前，首先会从三个不同的角度进行筛查，只有当这三个筛查全部过关时，他们才会考虑将资金投入到其中最安全的项目中去。

第一个筛查："低风险"。

低风险是富人在投资中最为看重的，对于投资项目，首先一定要便宜，其次要安全。富人会用各种衡量工具，去判断投资项目的安全系数和风险系数，最终根据数据分析做出选择。

第二个筛查："收益"。

在富人看来，投资收益主要包括两个部分：一个是资本利得；另一个是增值的部分。根据这两大收益的比值，他们就可以推测出未来可能赚得的真实收益，如果此数值低于预期，说明其中可能存在难以承受的风险，但如果回报都是真实的，他们也不会放弃相关投资的机会。

第三个筛查："趋势"。

即使公司、产品都很好，如果近期股价波动较大或是出现风险问题，富人也会遵循严谨保守的原则。他们会在投资前认真地判断该公司所处的市场季节，再根据市场所反映的价格趋势来对下一步的投资进行判断。

美国股神巴菲特说过这样一句话："没有人愿意慢慢变富。"但如果你真的能够坚持低风险和稳健的长期主义投资原则，就会惊讶地发现，原来慢慢变富，竟也可以这么舒适。要想做到这一点，需要秉持富人思维，建立一个正确的思维模型和思考角度，摒弃"一夜暴富"的想法，踏踏实实地将致富计划推进下去，这是一个长期的工程。

提前入局，管理好你的流动资金

对于资产配置来说，流动资金的储备一定是最重要的。流动资金储备得少了，不仅自己过日子不舒坦，一旦发生突发事件，也根本扛不过去。而现实生活中，大部分人要么把赚的钱全部用作了流动资金，要么过多地投入到了相对高收益的产品里。这就是人们在资产配置上存在的误区：第一种情况是为了保持流动性，牺牲了相对的收益性，过多的流动资金导致资金使用效率降低；第二种情况则是过分追求收益，可往往会在急需用钱的时候打自己一个措手不及。

对于流动资金，富人又是怎样处理的呢？所谓流动资金，肩负有两个使命：一个是日常开销；另一个是处理应急事件的花费。对于日常开销，需要设计一个金额，相对还是容易计算的。难的是应急事件需要的流动资金，因为我们不知道这笔钱何时需要、需要多少。

从管理流动资金的角度来说，流动资金的支取应该像现金一样方便，即所投资的应是比较容易变现的产品。如果你的收入看成是流进"蓄水池"里的水，而生活开支就是随时可能流出"蓄水池"的水。保持一定规模的流动资金，就可以避免"蓄水池"干涸，既不影响我们使用，还可以随时应对突发情况。

那么，怎样做才算储备了足够的流动资金呢？以富人的经验来说，储备的流动资金应该相当于个人或家庭 6 个月左右的生活开销，其主要作用是应对确定的生活开销和不确定的应急事件，并随时进行补充和调整。

我们以什么样的方式持有流动资金会更好呢？短期储蓄、货币型基金、国库券、债券型基金等都是不错的选择，而考虑到便捷性，货币型基金一定是诸多产品中最合适的了。

货币型基金具有以下优势：

第一，投资风险小，本金相对安全。

货币型基金是一种投资期限较短、流动性较高的货币市场工具，它可以不断地滚动投资，从而超过同一时期定期存款的收益。由于其投资组合所承担的利率风险较低，所以越是在通胀和短期利率上升的环境中，其表现越是能够超过债券型基金和股票型基金。此外，货币型基金的发行人以及国际市场的参与者都是一些信用等级较高的金融机构和政府部门，具有较低的风险和较好的流动性。中国的货币市场基金受中国证监会的监管，以确保其运作的透明度和安全性。因此，它的风险系数相对较低，而这也让想要持有流动资金的投资者有较高的安全感。

第二，交易成本低，认购、赎回全部免费。

相较于其他需要收取手续费的投资品来说，货币型基金一般不会收取申购赎回费用，同时管理费率也很低，普遍低于其他类型的基金。所以，当投资者判断出市场发生了方向性变化时，就可以将其转换成其他类型的基金，中间只需缴纳一笔很低的费用。从投资成本角度来说，它是一种可以很好节约投资成本的产品。

第三，流动性好，赎回方便。

由于货币型基金的投资对象大多是流动性强的短期债券和银行票据，在交易转换的过程中几乎不会遭受损失。其赎回流程简单，交易的活跃度也很高，所以很多投资者都将货币型基金作为流动性工具来使用，甚至将其作为投资股票与中长期债券的一个避险通道。

第四，操作便捷，月复利分红，不交所得税。

货币型基金在国外常被称为"准储蓄"，但它其实是一种比储蓄更具有升值潜力的投资工具。从操作上来讲，投资货币型基金的操作流程简单，不仅应用起来十分方便，而且不影响每月的复利分红，更没有类似所得税的问题。但唯一美中不足的是，它的收益相较于其他工具是偏低的。

对于富人来说，每一笔资金都在资产配置中有着特定的使命和价值。不论其产生的价值在眼前还是未来，他们都会秉持合适的财富配置方式，在有效管控风险的同时，以更稳健、更轻松的方式，实现财富自由。

"主动收入"和"被动收入"，两手都要抓，两手都要硬

很多有一定经济基础的学员会问："若是拥有了可观的被动收入，是不是就意味着主动收入不重要了呢？"我的回答是："你当然

可以在被动收入超过主动收入后放弃工作，但如果这份工作是你喜欢的，又能持续为你带来主动收入，那拥有它岂不是更好吗？毕竟大多数人在实现财富自由后才发现'我们更需要工作'。"

对于大多数人来说，最重要的收入来源主要有两个：一个是主动收入；另一个是被动收入。

所谓主动收入指的是通过付出时间成本、体力成本和脑力成本换来的金钱。当然，如果你在经营主业的同时，还有一份副业，也同样要算在主动收入里，因为那是你付出额外劳动所换得的收入，同样是投入了时间、体力和脑力的。一旦你选择在这方面不再进行投入，其所带来的收入也将戛然而止。

所谓的被动收入指的是利用资产创造的价值。和前一种用"人"赚钱的模式不同，被动收入的收益模式是用钱赚钱。这意味着你在睡觉、不工作的状态下它仍在为你赚钱，即便什么也不做，也依然会有收益流进你的账户。

尽管在很多人看来，被动收入带来的好处是显而易见的，但我认为，唯有两手都要抓，两手都要硬，才能让财富更好地为我们服务，并使我们物质生活和精神生活双丰收。

为什么这么说呢？对于一个年轻人来说，若是没有踏入职场，就无法真正地接触社会，无法领会市场规律下的财富模式，也不知道富人是怎样操作和管理金钱的。

赚取主动收入的好处在于，它能够让我们在实践中找到一个适合自己发展的平台，让我们能够学到很多东西，无论是待人处世还是有效的商业模式，抑或有效的社交。当然有些人工作很久，却一无所获，而有些人却因为工作，拓展出了属于自己的事业天地，其主要原因在于后面的这部分人知道工作是为了什么，也知道通过工作能得到什么。为此，他们多半并不在乎眼前收入的多少，而是在付出比别人更多的努力和汗水的同时，成为企业乃至行业中的佼佼者，唯有如此，他们才能学到想学的知识，积累丰富的经验、人脉和阅历，从而开创事业蓝图。

当然在这个过程中，拥有富人思维的人也会不断学习投资理财知识，在赚取主动收入的同时，将资金向被动收入转移，并且不会放弃任何可以提升财富价值的机会。为此他们会阅读大量的书籍，了解市场的客观规律，从而循序渐进地掌握其中的脉络，为锁定财富浪潮做好充分准备。富人在财务上的选择不是盲目的，他们会在看得懂的领域不断深耕。而当其被动收入在有条不紊的经营下跑赢主动收入的时候，他们不会选择彻底休息，而是会满怀憧憬地继续勾勒，并认真细致地思考下一步。

在富人看来，满足绝对是生命中最危险的事。当一个人产生彻底休息的想法时，相当于主动放弃了与社会产生"摩擦"的机会，不再想要抓住机遇，也不再想要拥有更多的财富和可能。因此，富人会选择一直经营自己的主动收入，以获取更多知识和信息，找到更适合的实践机会，从而避免与社会脱节，并永远站在好创意、好想法的最前沿，且在擅长的领域不断深耕，将事业做大做强。

"人是不可以没有工作的。"曾经有一位富人朋友很认真地说，"没有工作等同于放弃自我，这很危险。"所以，如果此时你还有想要彻底休息的想法，最好重新审视一下这个想法！

没错！这才是成为富人的真实路径

想要成为富人，究竟有哪些路径？需要秉持怎样的财富思维？在采访了多位富人和投资家后，我将其总结为七个方面。

点金密钥一：重视并利用时间差。

什么是时间差？举例来说，如果某一项产品只有在纽约买得到，而在杭州买不到，那么第一个将之引进杭州的人，就是赚到最多财富的人。当我们用最快的速度引进本地还没有的好的产品、服务，使本地的人能够同步拥有在其他地区才能拥有的产品或服务时，就可以最快地把握住商机，获得比别人更大的利益。发掘身边那些还没有被发掘的需求，利用时间差占据优势，才能创造更大的创业机会。

点金密钥二：拜个好师父。

跟对师父、学好本事绝对是一条省时省力的致富路径。其中最重要的是，师父可以帮助徒弟不断晋级，师父的经验多，行业内的人脉也丰富，眼光独特，如果能得到师父的帮助，必然会走上一条更便捷的成功之路。有关分析表明，拥有导师的企业家和没有导师的企业家相比，前者所募集的资金是后者的 7 倍，且财富增长速度也是后者的 3 倍，这就是找个好师父的价值所在。

点金密钥三：借助平台。

对于富人来说，拥有适合自己发展的平台是一件极其重要的事。平台不同，发展结果也不同。有了平台的加持，市场和企业才更容易认可你，这就是平台所赋予的能量，也是平台的魅力所在。

点金密钥四：快速的时效反应。

成功的时机往往稍纵即逝，一旦错过就不可再得，只有迅速掌握最佳的时机，才能成就最大的财富。在瞬息万变的现代商场中，机遇是共享的，没有人能够垄断信息，因此成功往往属于那些最先抓住机会的人。

点金密钥五：市场调查。

开始一项投资的时候，市场调查是必不可少的，它可以扩大我们的信息量，避免盲目投入带来的风险。任何一个进入市场的人，都不要忘记做好市场调查，不能埋头苦干，不关注社会发展的方向。在现代商业社会中，并不是只要努力就会成功。很多人正因为忽视了这一点，做出了盲目的投入，结果犯了一些在市场上别人已经犯过的错误。

点金密钥六：学会减法。

在致富这件事上，节约成本就是最好的投资，不管是时间成本，还是金钱成本。为此富人总是想尽一切办法节约成本，因为他们知道每省下一块钱，财富账户就会拥有更多。这就是为什么很多富人虽然身价不菲，却很节俭。

点金密钥七：10 倍思维。

想要做大事业，就要先从吸引投资人、顶尖人才开始，因为这些人可以助力你提升规模，帮助你打破常规、重构思路，走上一条更快速、更有发展潜力的财富赛道。富人拥有的资源往往让一般人望尘莫及，他们的思维是超前的价值变现，而当我们将这样的思维收入囊中后，即便是起点稍差，也可以搭上财富的直通车，走上事业的快车道。

看到这里，相信你已经对如何成为富人有了一定的了解。从客观上来说，富人与其他人之间并没有太大差异，其他人遇到的很多困扰，富人也会遇到，但最大的区别在于思考的方式不一样，富人总是会从机遇出发，习惯向前看，而其他人往往从抱怨出发，习惯向后看。富人总能扫描到有利的财富机遇，更快地采取行动，这就是他们总能在势头最好的时候抢占先机的原因。所以，如果你也想成为富人，那就从现在开始，效仿富人的逻辑，养成富人的思维，果断地采取行动吧！